인생 명저 시리즈 1권

제목: 인생을 바꾸는 책들

인생 명저는 결코 우리를 배신하지 않는다

이 시리즈는 10년 전 출간되어, 지금은 절판으로 구할 수 없는 책의 개정 증보판입니다.

3년 동안 1만 권의 책을 읽어 상상도 하지 못했던 작가의 삶을 살고 있는 김병완 작가가 EBS FM 고전 읽기에 매주 고정 출연하면서, 한 주에 한 권의 인생 명저를 읽고 그 책을 통해 인생의 지혜를 배우고, 위대한 질문을 던지며, 한 마디의 문장으로 요약하고, 그 책을 통해 다른 명저로 넘나들면서 책에 대한 인식을 확장시켰던 바로 그 코너, '김병완의 고전불패' 코너를 진행하면서 입체적인 시각으로 살펴보았던 명저들에 대해, 방송에서 시간상 밝히지 못했던 이야기를 작은 소책자 세 권으로 하나의 시리즈로 엮었습니다. 바로 [인생 명저 시리즈]입니다. 이 시리즈의 첫 번째 책은 인생을 바꾸는 책들 _ 인생 명저는 결코 우리를 배신하지 않는다 이며, 두 번째 책은 인간을 깨우는 책들 _ 문학 · 역사 · 철학 속에서 삶의 본질을 묻다 이며, 세 번째 책은 세상을 통찰하는 책들 _ 읽을수록 인생이 깊어지는 지혜의 지도입니다. 이 시리즈는 [김병완의 고전불패]의 개정 증보판입니다.

프롤로그 _ 인생 명저를 가까이하는 자는 절대 망하지 않는다

“나는 단 한 권의 책으로 완전히 바뀌었다.”

책은 인간의 운명을 바꾼다. 한 문장이 인생을 멈추게 하고, 한 구절이 삶의 방향을 돌려놓는다. 세상을 바꾸는 힘은 언제나 위대한 한 권의 책에서 시작되었다. 니체는 말했다. “책이란 얼어붙은 바다를 깨는 도끼여야 한다.”

그 한 문장은 내 심장을 꿰뚫었다. 나는 도끼를 찾아 나섰다. 그리고 직장을 내려놓았다. 삼성전자의 연구원이었던 나는 세상의 논리를 버리고, 3년 동안 1만 권의 책을 읽었다.

그 시간은 나에게 내면의 혁명이었다.

그때 나는 깨달았다. 많이 읽는 것이 아니라, 제대로 읽는 것이 인생을 바꾼다. 한 권의 명저는 백 권의 평범한 책보다 더 깊은 울림을 준다. 그 울림이 영혼을 깨우고,

잠든 사유를 깨운다.

“한 권의 위대한 책은 한 인간을 바꾸고, 한 시대를 일깨운다.”

책이 인간을 일깨우고, 깨어난 인간이 세상을 바꾼다. 그러니 책이 곧 혁명이며, 명저가 곧 진리다.

책을 많이 읽는 것보다 더 중요한 것은 무엇을 읽느냐이다. 세상에는 수없이 많은 책이 있지만, 그중 인간의 영혼을 흔드는 책은 드물다. 그 책들은 단순한 지식이 아니라 인생을 바꾸는 힘을 가지고 있다. 나는 그런 책들을 ‘인생 명저(名著)’라 부른다.

삼성전자의 연구원이었던 나는 어느 날 모든 것을 멈추었다. 그리고 3년 동안 오직 책만 읽었다. 1만 권의 책 속에서 나는 깨달았다.

“인생을 바꾸는 것은 양(量)이 아니라 깊이(深)다.”

그 깊이를 만들어주는 것이 바로 인생 명저다.

EBS FM 「고전읽기」의 '김병완의 고전불패' 코너에서 나는 매주 한 권의 인생 명저를 통해 인간의 본질과 삶의 지혜를 탐구했다.

홍루몽에서는 인간의 욕망과 허무를, 페르 귄트에서는 자신이 되는 모험을, 꿈의 해석에서는 무의식의 세계를, 카라마조프가의 형제들에서는 인간의 죄와 구원의 경계를, 호밀밭의 파수꾼에서는 가식과 위선 속에서도 순수를 지키려는 외침을, 그리스인 조르바에서는 얽매이지 않는 자유의 영혼을, 캉디드에서는 세상을 바꾸기보다 자신을 바로 세우는 지혜를, 월든과 시민의 불복종에서는 고독 속의 각성과 양심의 자유를, 사기열전에서는 치욕을 넘어 위대함으로 나아가는 인간의 의지를 보았다.

그 20분의 방송은 내게 또 다른 인생 수업이었다.

명저를 읽는다는 것은 단순히 '지식을 얻는 일'이 아니다. 그것은 '삶을 다시 살아보는 일'이며, '생각의 구조를 새롭게 짜는 일'이다. 명저는 인간의 내면을 일깨우고, 혼란스러운 시대 속에서 방향을 잡게 한다.

이 책은 EBS에서 다루었던 수많은 인생 명저 중 특히 내 삶을 뒤흔들었던 책들을 다시 모아 쓴 것이다. 방송에서 미처 다 전하지 못한 이야기, 책과 책을 연결하며 얻은 통찰, 그리고 명저가 내게 던진 깊은 질문들을 담았다.

명저는 인간을 변화시킨다. 그것은 세월이 흘러도 결코 낡지 않는 이유다. 인생이 흔들릴 때, 명저는 다시 중심을 잡아준다. 삶이 무너질 때, 명저는 다시 길을 열어준다.

한 가지 분명한 사실은 세상에 공짜는 없다는 것이다. 즉 인생을 바꾸는 인생 명저는 절대 쉽지 않다는 사실이다. 난해하고, 읽기 힘들다. 이것이 팩트다.

읽는다는 것은 해체하는 일이고, 해석한다는 것은 다시 태어나는 일이었다. 나는 매주 한 권의 책 속에서 죽고 다시 태어났다. 괴테는 『파우스트』에서 말했다.
"인간은 끊임없이 노력하는 한 방황한다." 그 방황이

야말로 성장이고, 그 성장이야말로 깨달음이다.

명저는 바로 그 영혼의 방황을 정당화하는 빛이다. 그 빛을 따라가면 길이 되고, 그 길을 걷다 보면 자신을 만나게 된다.

“책을 읽는 일은 단순한 행위가 아니다. 그것은 자신의 무지를 정면으로 마주하는 용기이며, 한 인간이 다시 태어나는 통과의례다.”

명저는 인간의 내면을 발가벗기고, 그 속의 진실을 보게 한다. 괴로워도 끝까지 읽어야 한다. 이해되지 않아도 붙잡아야 한다. 그 끝에서 당신은 새로운 자신을 만나게 된다. 명저는 결국 영혼의 거울이다. 그 거울을 통해 사람은 자신을 비로소 본다.

이 책은 그런 명저들과의 대화록이다. 수많은 책 중에서도 인생의 본질을 꿰뚫는 문장들, 시대를 넘어 인간의 진실을 말한 저자들, 그들의 숨결을 한 자 한 자 담았다. 책은 인간의 삶을 비추는 빛이다. 그 빛을 잃지 않은 자만이 어둠 속에서도 자신의 길을 잃지 않는다.

그래서 나는 확신한다.

인생 명저를 가까이하는 자는 절대 망하지 않는다.

목차

- 페르 귄트를 통해 배워야 할 인생의 지혜.
- 고전 넘나들기 _ [사기]와 [참을 수 없는 존재의 가벼움]
- 진정한 자기 자신이 되라.
- 지금 방황하고 있다면 페르 귄트를!
- 페르 귄트를 한마디로 요약하면.
- 페르 귄트 깊게 천천히 읽기

제3장. 인류에게 무의식의 세계를 펼쳐 보여주다. _ 꿈의 해석 .

- '꿈의 해석 ' 그리고 ' 프로이트 ' 에 대해.
- 모든 꿈은 욕망의 충족이다.
- 우린 모두 무의식의 지배를 받고 있다.
- 프로이트에게 배워야 할 3가지.
- 무의식의 세계를 밝혀 인류의 의식을 바꾸다.
- 꿈을 해석하는 프로이트만의 방법.
- 프로이트 꿈의 해석 깊이 읽기
- 프로이트 제대로 읽는 방법

에필로그 _ 흐르는 시간을 가볍게 보내지 마라.

‘ 홍루몽은 만리장성과도 바꾸지 않겠다.’ _ 중국인들의 말.

제1장. 이 책은 만리장성과도 바꾸지 않겠다. _ 홍루몽.

‘홍루몽은 만리장성과도 바꾸지 않겠다.’ _ 중국인들의 말.

‘홍루몽은 적어도 다섯 번은 읽어야 한다. 홍루몽을 1번밖에 읽지 않은 사람들에게는 발언권을 주지 마라’ _ 최고 군사 회의에서 모택동의 말.

‘홍루몽이 나타난 뒤로 전통적인 사상과 작법이 모두 타파되었다.’ _ 루쉰.

“홍루몽은 그 정교함과 규모에서 19세기 서양의 많은 걸작들을 능가하는 경이적이고 창조적인 작품임이 틀림없다.” _ 조나단 D. 스펜스

“홍루몽은 지난 200년간의 중국 문명사에서 하나의 이정표가 되는 고전이다.”

_ 앤드류 H. 플락스

- 중국과 중국인을 알고 싶다면 읽어야 할 소설.

속담에 '열 길 물속은 알아도 한 길 사람 속은 모른다.' 라는 말이 있다. 하지만 진짜 알 수 없는 묘한 사람들이 필자의 입장에서는 중국인들이다. 왜냐하면 일단 중국인들은 수적으로 너무 많기 때문이다. 그리고 약간 엽기적인 구석이 있다. 물론 한국인들도, 일본인들도 모두 다 정상인 것은 아니다. 하지만 특히 더 엽기적인 나라가 중국이라는 생각이 든다.

하지만 이것은 철저하게 중국과 중국인들에 대해 잘 알지 못한 무지의 소산이라고 생각한다. 그러던 중에 필자가 맡게 된 '김병완의 고전불패' 라는 코너에서 두 번째 책으로 선정된 책이 바로 이 책 '홍루몽' 이었다.

이 책은 한마디로 말하자면, '중국 최고의 고전 문학의 정수' 라고 할 수 있다.

양적으로 매우 방대한 소설이며, 가장 중국적인 중국인들의 삶의 이야기라고 할 수 있다. 무엇보다 이 책을 읽으면 중국과 중국인들에 대해 잘 이해할 수 있다고 한다.

이렇게 이 책을 읽으면 중국과 중국인들에 대해 잘 이해할 수 있게 되는 이유는 중국을 대표하는 소설인 [서유기] [금병매] [수호전] 과 같은 책들이 모두 담겨 있는 책이 바로 이 책이기 때문이다.

'붉은 누각의 꿈' 이라는 책 제목에서 알 수 있듯이, 이 소설은 삶의 철학을 품고 있는 가장 중국다운 사랑 이야기, 인생 이야기이다.

중국과 중국인들에 대해 제대로 이해하고 싶고 알고 싶다면 가장 먼저 읽어야 할 중국 관련 책은 삼국지나 사기나 손자병법이 아니라 바로 이 책이다.

중국의 어떤 유명한 작가는 이 책을 읽고 나서 비로소 작가의 삶을 살 수 있게 되었다고 말했다. 이처럼 홍루몽이 위대한 소설의 반열에 오를 수 있게 된 데에는 두 가지 사실이 큰 역할을 했다고 할 수 있다.

하나는 80회로 미완성본인 조설근의 홍루몽의 뒷부분을 40회나 더 완성하여 오늘날의 명성을 얻게 해 준 고악이 있었다는 사실이다. 고악은 자신이 홍루몽의 뒷부분 40회를 완성한 후 처음에는 마치 조설근의 홍루몽의 진짜 뒷부분인 것처럼 소문을 냈고, 여러 차례 120회본의 [홍루몽]이 출간되게 되었다.

또 다른 하나는 [홍루몽]의 원작자인 조설근의 삶이었다. 조설근은 한 마디로 엄청난 귀족 가문에서 태어나 호사스러운 생활을 경험하기도 했고, 13세 이후부터 북경에 살게 되면서 궁핍한 밑바닥 생활도 경험하면서 세상과 인간에 대한 통찰을 하게 된다.

그러한 자신의 경험과 통찰을 바탕으로 그는 400에서 500여 명이 넘는 각양각색의 인물들을 생동감 넘치게 표현하며, 인간 세상에 대한 심오한 철학과 정확한 통찰력을 이 책에 담아냈다. 언급되는 인물까지 다 포함하면 700여 명에서 800여 명이 된다.

중국인들의 삶의 모습이 가장 잘 표현된 중국 최고의 장대한 스케일의 명작소설이라고 평가받는 이유가 여기에 있다.

몰락해 가는 가씨 가문의 이야기와 주인공인 가보옥과 임대옥, 설보차를 둘러싼 비극적인 삼각관계 사랑 이야기가 중국의 국토와 중국인들의 수만큼 방대하게 그리고 풍부하게 이 책에 담겨 있다.

– 중국인들을 행복하게 해 준다는 책.

영국에는 영국의 위대한 엘리자베스 여왕과 비평가 토마스 칼라일이 영국의 식민지 인도와도 바꾸지 않겠다고 하는 위대한 작가 셰익스피어가 있다. 그것이 그 나라의 힘이다.

중국에는 중국인들이 '자신들을 행복하게 해 주는 책'이라고 말하면서, 만리장성과도 바꾸지 않겠다는 그런 책이 있다. 바로 ' 홍루몽 ' 이 책이다.

'홍루몽은 만리장성과도 바꾸지 않겠다.' 라는 말이 중국에는 있다.

이런 점을 볼 때, 한국인들은 불행한 민족이다. 한국이 초강대국으로 도약하기 위해서, 필요한 것은 국가의 군사력이나 경제력이 아니다. 필요한 것은 수준 높은 고전 독서력이다.

국민이 고전 독서 수준이 높으므로 만리장성과 바꾸지 않겠다는 책이 탄생하는 것이다. 그 책의 수준이 높아서 그런 것이 아니다. 그런 것처럼 한국에는 수준 높은 책이 많지만, 독도와도 바꾸지 않겠다는 그런 책이 존재하지 않는 다.

국민의 독서 수준이 낮고, 책을 사랑하지 않기 때문이다. 과외를 시키고, 공부를 시키기 위해서는 수천만 원 과외비를 아까워하지 않지만, 독서법을 가르치기 위해서는 단 한 푼도 지출하지 않는 민족이 한국이다.

그런 점에서 만리장성과도 바꾸지 않겠다고 하는 책이 존재하는 중국이 부럽다.

홍루몽은 중국인들이 가장 사랑하는 소설이다. 홍루몽에 대한 중국인들의 반응은 폭발적이다. 그리고 그 반응은 그 책이 써진 200년 전이나 지금이나 다를 바 없다. 식을 줄을 모른다.

하지만 한국은 이상하다. 한국인들에게는 [홍루몽]이 크게 인기가 있는 소설은 아니다. 그래서 읽은 사람들이 별로 없을 정도이다. 이러한 사실을 알고 중국인들은 모두 놀랄 수밖에 없을 것이다.

이 책이 중국인들에게 끼친 영향은 한둘이 아니다. 심지어 글을 쓰는 작가들에게도 매우 심오한 영향을 끼쳤다.

[아큐정전]의 작가인 루쉰은 이 책 홍루몽에 대해 이런 말까지 한 적이 있다.

" [홍루몽]이 나타난 이후로 전통 소설의 모든 사상과 작법이 타파되었다."

루쉰뿐만 아니라 많은 중국의 지성인들이 홍루몽에 대해 찬사를 아끼지 않았다.

문학가인 왕몽은 ' 홍루몽은 내 문화의 엑기스다' 라고 말했고, 철학자 호적은 ' 홍루몽은 중국 근대문학의 핵심이다.' 라고 말했다.

중국인들은 한국인들이 [홍루몽]이 아닌 [삼국지]에 열광하는 것을 보고 이해할 수 없다고 말한다. 그만큼 중국인들은 홍루몽을 사랑한다.

그렇게 중국인들의 사랑을 받기 때문에, 중국인들이 모인 자리에서 한번 거론되기만 하면 모든 화제들을 제치고 단연 화제의 중심으로 부상하는 것은 비일비재한 일이다. 그래서 중국인들은 이 책에 대해 '무궁무진하게 쏟아져 나오는 화제의 원천' 이라고 까지 말한다.

홍루몽에는 삶의 본질을 꿰뚫어 보는 가장 동양적인 통찰력이 담겨 있다. 즉 이 책에는 불교적 세계관과 함께, 도교의 신선 사상이 절묘하게 결합되어 있다.

그 덕분에 이 소설은 중국 고전소설의 정화라고까지 평가받고 있다.

이 책은 많은 중국인들을 행복하게 해 주었고, 인생을 바꾸었다. 청나라 시절에는 사대부들이 홍루몽을 화제로 꺼내지 않으면 아무리 책을 많이 읽어도 인정해 주지 않았다. 또한 중국의 쟁쟁한 지식인들이 홍루몽을 읽고 연구하고 전파했다. 한 마디로 홍루몽 열풍이 200년 동안 식을 줄 몰랐던 것이다.

중국인들을 행복하게 해 주기 때문에, [논어]는 몰라도 [홍루몽]은 안다고 할 정도로 중국인들의 사랑을 받는 책이 바로 이 책이다. 오늘날까지 남녀노소 누구에게나 중국인들에게 읽히는 이 책은 만리장성과도 바꿀 수 없다는 중국인들이 가장 사랑하는 책이다.

한 마디로 중국 고전 문학의 백미다.

– 모택동과 홍루몽 이야기.

모택동은 대단한 독서광이다. 그가 독서를 했기 때문에, 그것도 매우 지나칠 정도로 많이 했기 때문에 그는 중국의 국부가 될 수 있었다고 해도 과언이 아닐 것이다.

독서의 고수로 필자는 모택동을 선정할 만큼 그는 대단한 독서광이다. 그가 독서광이라는 사실과 이 책은 매우 큰 관련이 있다.

그가 1973년 중앙 군사위원회 회의를 할 때 있었던 일이다. 어떤 간부가 겁도 없이 홍루몽을 한 번 읽었던 것이다. 모택동은 이 사실을 알고 나서 이렇게 말할 정도로 홍루몽을 아끼고 또 귀중하게 생각했다.

" 홍루몽을 5번 이상 읽기 전에는 회의에 참석하지 않는 것이 좋겠다. 5번은 읽어야 발언권을 줄 것이기 때문이다."

그는 또 이렇게 말한 적도 있다.

" 홍루몽은 다섯 번 이상 읽어야 이해할 수 있다."

" 홍루몽은 적어도 다섯 번은 읽어야 한다."

그는 또 이렇게도 이야기한 적이 있다.

" 홍루몽을 읽지 않으면 중국 봉건사회를 이해할 수 없다."

그는 [홍루몽]과 매우 인연이 많은 인물이다. 그가 홍루몽을 매우 좋아했기 때문일 것이다. 그는 좋아한 것만이 아니다. 그는 그 책을 매우 가치 있게 여겼다. 1976년

12월 26일 인민일보에 게재된 기사 내용을 보면 이런 사실을 알 수 있다.

“ 중국은 공업과 농업이 발달하지 못했고, 과학 기술 수준이 낮다. 땅이 넓고 물자가 풍부한 것, 인구가 많은 것, 역사가 유구한 것, 그리고 [홍루몽]이 있다는 것을 제외하고는 많은 측면에서 다른 나라보다 못하고, 자랑할 것이 없다.”

모택동은 [홍루몽]이라는 소설을 중국이 세상에 내놓고 자랑할 수 있는 유일한 4가지 중에 하나로 생각했던 것이다. 굉장한 자부심이 아닐 수 없다.

홍루몽을 찬양하고, 높게 평가한 인물 중에는 외국인들도 적지 않다.

미국 예일대 역사학과 석좌교수였고, [현대중국을 찾아서]의 저자이기도 한 조나단 D. 스펜스는 홍루몽에 대해 이렇게 평가한 적이 있다.

“ 홍루몽은 그 정교함과 규모에서 19세기 서양의 많은 결작들을 능가하는 경이적이고 창조적인 작품임이 틀림없다."

프린스턴 대학 교수이자 중국에 대한 전문가인 앤드류 H. 플락스도 홍루몽에 대해 찬사를 아끼지 않았다.

" 홍루몽은 지난 200년간의 중국 문명사에서 하나의 이정표가 되는 고전이다."

- 홍루몽! 깊게 천천히 읽기.

홍루몽은 다양한 인간 유형들이 소개되어 나온다. 그중에서도 잊히지 않는 유형은 너무 지나친 꾀와 계책을 강구하다가 결국은 비참한 결말을 맞이한 인물이다. 가씨 가문의 실질적인 살림꾼이었던 왕희봉이 바로 그런 인물이다.

그녀는 금릉십이채의 한 사람이다. 가련에게 시집와서 수완이 좋아서 살림을 도맡아 보았다. 하지만 문제는 그녀가 너무 자신의 능력을 믿고, 권력을 휘두르고, 불법으로 재물을 모으고, 주위 사람들을 죽음으로 내몰았다는 것이다.

그래서 그녀는 결국 자신의 꾀에 자신이 걸려 넘어져 비참한 결말을 보게 되었던 것이다.

“ 총명이 지나쳐 잔꾀를 다 부리다.
제 꾀에 넘어가 목숨을 버렸구나!
살아생전 마음을 썩이더니

죽은 뒤엔 재주도 볼 수 없네.
부귀영화 누리며 편안히 살자더니,
집안이 망하여 산지사방 흩어지네.
반생을 불안 속에 갖은 애를 다 쓰더니
한밤중 단꿈같이 깨고 나니 허황하구나. "

이 부분에서 우리가 명심해야 할 것은 무엇일까?

필자는 ' 너무 지나치게 꾀와 계책을 쓰면 결국 아니 한 것보다 더 못 한 결과를 초래하게 될 것' 이라는 사실을 깨달았다.

다시 말해, 너무 욕심내고, 너무 빨리 하려고 하고, 너무 잘 하려고 하고, 너무 많이 하려고 하지 말라는 것이다. 적당히 때로는 천천히 할 때 그것이 가장 좋은 것이다.

'지나친 꾀와 계책이 도리어 화를 자초한다. ' 라는 의미의 단어가 바로 기관산진機關算盡이다.

[맹자]에 나오는 이야기 중에 이런 이야기가 있다.

어느 농부가 벼의 모를 빨리 자라게 하려고 논에 나가 모를 하나씩 잡아서 살짝 들어 올려 주었다. 하지만 그 때문에 논의 모는 모두 말라 죽어 버리게 되었던 것이다.

결국 너무 욕심을 내고, 너무 빨리 무엇인가를 이루려고 무엇인가를 하면 결국 제 꾀에 제가 넘어가게 되는 것이다. 지나치게 욕심을 내고, 지나치게 꾀를 부리면 결국 자기 자신이 더 큰 손해를 보게 된다.

달도 차면 기울고, 물도 차면 넘친다. 빨리 피는 꽃이 빨리 진다. 높게 오른 만큼 떨어질 때 더 크게 다친다. 그러므로 천천히 적당히 너무 꾀를 부리지 말고 회사를 경영하고, 인생을 살아야 한다.

한 마디로 인생무상人生無常이다. 인생은 덧없다. 그러므로 집착도, 욕심도, 야망도 다 내려 놓고 하루하루 무엇이 될 것인가가 아니라 어떻게 살아나 갈 것인가에 집중해야 한다.

수많은 사람들의 삶의 모습을 적나라하게 그리고 생생

하게 이 책을 통해 알게 되면, 인생을 좀 현명하게 살아나 갈 수 있다. 이 책의 묘미는 여기에 있다. 이 책에는 그 어떤 지식이나 정보가 있는 것이 아니다.

뛰어난 통찰력이나 혜안이 담겨있는 것도 아니다. 그저 수백 명이 넘는 등장인물들의 다양한 삶의 무늬가 녹아들어 있다. 그렇게 수많은 삶의 무늬들은 하나의 사실을 말해 준다.

인생은 덧없다는 것이다. 이 책의 제목이 암시하듯, 인생은 일장춘몽一場春夢인 것이다.

<전도서>에 나오는 한마디는 이 책의 핵심 주제를 말해 주고 있다.

'헛되고 헛되며 헛되고 헛되니 모든 것이 헛되도다. 해 아래에서 수고하는 모든 수고가 사람에게 무엇이 유익한가?' < 전도서 >

결론은 욕심 내지 말고 집착 하지 말고 그 어떤 것에도 연연해하지 말고 물 흐르듯 살아야 한다는 것이다.

“ 왕희봉은 진가경과 각별히 친한 사이였다. 어느 날 저녁 왕희봉이 막 곤한 잠이 들려는데 홀연히 진가경이 방에 들어와서는 그녀를 보고 살포시 웃으며 ” 숙모님, 편히 주무세요! 전 숙모님을 뵙고 막 떠나려는 참이니 배웅하실 필요 없습니다. 숙모님과 평소 사이좋게 지내오던 터에 아쉽게 떠나게 되어서 이렇게 인사드리러 왔어요. 제가 생각해 오던 것이 하나 있는데 다른 사람에게는 몰라도 숙모님께는 꼭 말씀드려야 할 것 같아서요. “ 라고 했다.

왕희봉은 깜짝 놀라서 “ 무엇인데? 뭐든지 내게 말하세요.” 라고 물었다.

그러자 진 씨가 말했다.

“ 숙모님은 규방 중의 여걸로 관직에 있는 남자들보다도 뛰어나시면서 어쩌면 ‘ 달도 차면 기울고 물도 차면 넘친다’ 는 속담도 모르세요? 또 높이 오른 만큼 떨어질 때는 더 크게 다친다는 말도 있지요. 우리 가문이 명문세

가로 이름을 널리 알린지도 100년 가까이 되었으니 필경 영화로움으로 인한 즐거움이 슬픔으로 변하는 그날이 조만간 닥칠 것입니다. 그때가 되면 우리 가문도 한때를 풍미하던 쇠락한 가문으로 기억될 테니 나무가 부러지면 가지 위의 원숭이들이 뿔뿔이 흩어지는 것과 같은 이치랍니다. “

왕희보이 이 말을 듣고 두렵기도 하고 조급해져서는 그럼 부귀영화를 영원히 유지할 방편이 무엇이냐고 얼른 물었다. 그러자 진씨는 쓸쓸하게 웃으면서 “ 좋은 운이 가면 나쁜 운이 오고 자고로 흥망성쇠는 돌고 도는 것이거늘 어찌 한결같기를 바라세요? 우리 집안은 지금까지는 두 가지 일만 빼고는 모든 일이 순조롭게 잘 돌아가고 있습니다. 이 두 가지 일만 잘 처리하신다면 부귀영화가 영원히 계속 될 것입니다.” 라고 대답했다.

왕희봉이 그 두 가지 일에 대해 묻자 진씨는 상세히 설명해 주고는 마지막으로 이렇게 덧붙였다.

“ 오래지 않아 집안에 큰 경사가 있을 것입니다. 하지만 이는 순간의 영화요, 곧 지나가 버릴 즐거움임을 기억

하셔야 해요. 그리고 흥겨운 연회도 파할 때가 있다는 옛말을 절대 잊어서는 안 됩니다.”

왕희봉은 진씨가 언급한 큰 경사가 대체 어떤 경사인지 끈질기게 물었으나 진씨는 천기를 누설할 수 없다며 입을 다물었다. 왕희봉이 다시 입을 열어 뭔가 물어보려다가 홀연 중문에 걸려 있는 운판이 연달아 네 번 울리므로 그 소리에 놀라 잠에서 깨어났다. 그때 누군가가 “ 동부댁의 새아씨가 돌아가셨다.” 고 아뢰니 왕희봉은 순간 모골이 송연해지며 온몸에 식은땀을 쫙 흘렸다. “

– 중국 속담의 보고_ 홍루몽.

홍루몽의 가장 큰 매력 중에 하나는 중국 속담이 무궁무진하게 담겨져 있다는 것이다. 그렇기 때문에 홍루몽을 즐기면서 읽는 방법 중에 하나는 책 속에 소개되는 속담들을 찾아서 초록하고 정리하는 것인지도 모른다.

이 책에서 소개되는 중국 속담들은 이 책의 방대한 양에 비례하여 웬만한 중국 속담은 다 들어있다고 해도 과언이 아닐 것이다.

필자가 EBS FM ‘김병완의 고전불패’를 진행하면서 ‘홍루몽 속에 숨어있는 주옥같은 중국 속담 베스트 5‘를 발표한 적이 있다.

첫 번째 중국 속담은 ‘사람을 막다른 골목까지 몰아넣으면 안 된다.’이다.

우리 주위에 보면 말다툼을 벌여도 상대방을 완전하게 초죽음 만들기 전까지는 멈추지 않는 사람들이 간혹 있다. 이런 사람들은 자신의 이런 성격이나 습관 때문에 큰 화를 자초하게 될지도 모르기 때문에 하루빨리 고쳐야 한다.

지렁이도 밟으면 꿈틀거린다고 했다. 사람은 오죽할 까? 상대방이 설사 잘못을 했다고 해도 절대로 끝까지 밑바닥까지 밟고 몰아붙이면 절대 안 된다. 도둑을 잡을 때도 이런 원리가 그대로 적용이 된다.

쥐도 사람도 궁지에 몰리면 상대가 아무리 막강하더라

도 덤벼들 수밖에 없다. 살기 위해 죽기 살기로 덤벼드는 것이 자연의 이치이다. 그러므로 사람을 막다른 골목까지 몰아넣으면 안 되는 것이다.

상대방을 배려하는 것을 떠나 자기 자신이 상대방으로부터 역으로 위협을 받고, 공격을 받지 않기 위해서라도 반드시 상대방을 끝까지 몰아붙이면 안 된다.

두 번째 속담은 '성대한 잔치도 끝이 있기 마련이다' 이다.

이와 비슷한 말이 권불십년이다. 권력은 십년을 넘지 못한다는 말은 이 세상에는 영원한 것이 존재하지 않는다는 말로 해석해도 될 것이다. 즉 잘 나갈 때는 그것이 계속될 것이라고 자만해서는 안 될 것이고, 못 나갈 때는 그것이 평생 그렇게 유지될 것이라고 좌절해서도 안 될 것이다.

'삼대 부자 없고, 삼대 거지 없다' 라는 말이 있다. 물론 예외는 있다. 하지만 대부분의 경우 이렇다고 볼 수 있다. 그렇기 때문에 자만하지 마라. 그렇기 때문에 교만

하지 마라. 항상 초지일관하는 자세가 중요하다.

세 번째 속담은 '황제도 가난한 친척 집안이 셋이나 있다'이다.

겉으로 봐서 엄청난 부자들은 마냥 행복할 것 같은 생각이 든다. 하지만 부자들은 부자 나름대로 아픔과 상처가 있다. 한국에서도 대기업 회장의 딸이 먼 외국 땅에서 자살하는 비극적인 일이 발생했던 적이 있다. 알게 모르게 겉으로 마냥 행복할 것 같기만 하는 그런 부자들도 나름대로의 괴로움이 있는 법이다.

황제가 되었든, 대통령이 되었든 사람의 삶은 다 비슷비슷한 것이 아닐까? 특히 그 사람이 완전한 고아라면 모를까? 그렇지 않고서는 남들에게 있는 것은 자신에게도 어느 정도 있음을 부인할 수 없을 것이다.

네 번째 속담은 '대장부는 때를 살펴서 행동한다'이다.

아무 생각도 없이 날뛰는 것은 경솔한 행동이다. 특히 당신이 대장부라면 절대로 이렇게 행동하면 안 된다. 잘 나갈 때는 더욱더 겸손해야 하고, 겸허해야 한다. 성공했을 때는 더욱 더 친절해야 하고, 배려있는 행동을 해야 한다. 많은 사람이 보기 때문이다.

반대로 실패했을 때는 더욱더 활기차게 행동해야 한다. 그리고 시련이나 역경을 만났을 때도 평소보다 더욱더 정신을 집중하여 도전하고 노력해야 한다.

다섯 번째 속담은 '길한 것을 따르고 흉한 것은 피하는 이가 군자다.' 이다.

이 속담 역시 앞에서 언급한 네 번째 속담과 비슷한 의미를 가지고 있다. 때를 따라서 행동하라는 이전 속담을 좀 더 확장시켜 사물에 따라서 행동을 달리하라는 말이다. 이것은 사람을 만났을 때도 그대로 적용된다.

어떤 사람을 만났을 때는 친하게 지내고, 어떤 사람을 만났을 때는 피해야 한다는 말이다. 이 말은 사람을 차별하라는 말이 아니다. 자신의 인생이 걸린 선택을 할 때 명심하라는 말이다.

자신이 어떤 장수를 선택할 때, 무턱대고 하는 것이 아니라 가려서 해야 한다는 것이다. 회사를 선택할 때도, 누군가를 만날 때도, 어디를 방문할 때도 그렇다는 것이다.

하물며 새도 역시 나무를 가려서 둥지를 짓는 법이다. 양금택목이란 말이 바로 이런 의미이다.

공자가 바로 현명한 인물이었음을 알게 해 주는 일화가 있다.

공자가 위(衛)나라에 머물 때의 일이다. 어느 날 공문자가 찾아와 전쟁에서 어떻게 이길 수 있는지 물었다. 그러자 공자가 이렇게 대답했다고 한다.

"저는 제사 지내는 일이라면 드릴 말씀이 있으나 전쟁에 대한 것은 아는 바가 없어 드릴 말씀이 없습니다."

이런 대답을 한 후 공자는 제자들에게 서둘러 떠날 준비를 하게 했다. 제자가 이것을 이상하게 생각하여 물었다.

"대신이 스승님을 찾아왔는데 어찌 떠나려 하십니까?"

이에 공자가 대답했다.

"어진 새는 나무를 가려서 둥지를 트는 법이다. 현명한 신하 또한 훌륭한 군주를 모셔야 한다."

군자는 사리에 밝아 유연하고 여유롭지만, 소인은 명리를 찾아 늘 초조하고 걱정스러운 법이다. 상대를 가려서 만나고 행동한다는 것은 사람을 차별하라는 것이 아니라 사사로운 이익을 좇지 말고, 의리를 따르라는 말이다.

최고의 삶은 물과 같은 삶이다. 현실에, 이익에 너무 집착하다 보면 편협하고 작은 인간밖에 될 수 없다. 물처럼 구름처럼 그 어떤 것에도 연연하지 말고, 집착하지 말고, 머물지 말고 흐르듯이 살아야 한다.

길한 것은 정당한 것이고, 의로운 것이고, 공명정대한 것이다. 흉한 것은 이익에 집착하는 것이고, 사사로운 것이다. 그래서 군자는 의에 밝고 소인은 이익에 밝은 것이다.

눈앞의 이익에만 급급한 것은 흉한 것을 따르는 것이고, 이익을 만나도 그것이 정당한 것인지 아닌지를 따지고 행동하는 것은 길한 것이다. 일을 너무 빨리 진행하려고 하는 것은 흉한 것이며, 자연스럽게, 물처럼 흐르듯이 느긋하게 진행하려고 하는 것은 길한 것이다.

너무 잘 하려고 욕심을 내는 것은 흉한 것이고, 사심을 버리고, 집착을 버리고 물 흐르듯 자연스럽게 하는 것은 길한 것이다.

인생의 모든 문제는 욕심 때문에 생긴다. 너무 많이 하려고 하고, 너무 빨리 하려고 하고, 너무 집착하기 때문에 생긴다.

– 홍루몽을 통해 배울 수 있는 삶의 지혜.

이 책을 통해 우리가 배워야 할 교훈은 어떤 것이 있을까 " 이 책을 통해 배울 수 있는 가장 큰 교훈은 한 마디로 하면, '인생무상人生無常' 이다.

인생은 한낱 꿈과 같은 것이므로, 너무 그렇게 집착하거나 연연해하지 말라는 것이다. 현실을 초월하고, 넘어서서 초인과 같은 삶을 살라는 것이다. 니체가 말한 '초인' 처럼 말이다.

현대인들은 모두 부와 성공을 위해서 너무나 열심히, 너무나 바쁘게, 너무나 치열하게 살아가고 있다. 이 책은 그런 사람들에게 이렇게 이야기하고 있는 것처럼 느껴진다.

" 부와 성공에 집착하지 말고, 지금 이 순간을 즐겨라."

당신이 지금 이 순간 행복하지 않다면 그것은 전적으로 당신의 문제일 뿐이다. 당신보다 더 못한 인생을 살아가는 사람 중에서 당신보다 더 행복하게 살아가고 있는 사람들이 수천만 명은 더 될 것이라는 사실을 명심하자.

행복의 문제는 연봉이나 사회적 지위와 관련된 것이 아니라, 당신의 마음과 직결되어 있는 문제이다. 당신이 부와 성공에 집착하기 때문에 자꾸 비교하고 비교하니까 자꾸 초라해지고 우울해지는 것이다.

정말 행복한 삶은 절대 비교하지 않는 삶이다. 진짜 행복한 사람은 집착하지 않는 다. 욕심을 비울수록 그만큼 더 행복 해질 수 있다.

홍루몽이라는 이 책을 통해 배울 수 있는 한 가지 삶의 지혜는 '집착하지 말라' 는 것이다. 물 흐르듯 욕심을 버리고 살라는 것이다.

인생의 의미와 가치는 돈이나 성공에 있는 것이 아니다. 자신의 성장과 발전에 있고, 현재를 즐기며 사는 것에 있다.

그렇기 때문에 무엇이 되려고 아등바등 사는 사람이 되

기보다는 하루하루를 알차게 즐겁게 행복하게 살아가는 사람이 되어야 한다. 그런 과정을 통해 성장하고 발전하는 사람이 훨씬 더 위대한 인생을 살게 되기 때문이다.

100년 정도밖에 안 된 서양의 자기 계발은 아등바등 살라고 말한다. 그래서 꿈과 목표를 이루고, 부자가 되고, 출세하라고 말한다. 하지만 5000년이나 된 동양의 자기 계발은 사사로운 이익보다는 먼저 의를 생각하라고 말한다.

전체를 생각하라는 것이다. 그렇게 하기 위해서는 욕심을 버리는 것이 가장 먼저여야 한다. 서양의 자기 계발이 무엇이 되게 하는 것이라면, 동양의 자기 계발은 어떻게 사느냐 하는 것에 더 초점을 맞추고 있다.

그런 점에서 동양의 자기 계발이 서양의 자기 계발보다 더 위대한 인생을 살 수 있게 해 주는 자기 계발이다. 최소한 필자는 그렇게 생각한다.

필자가 좋아하는 말 중에 이런 말이 있다.

“어떤 물건이 자기의 것이라면 어떻게든 자기 것이 되고,
그렇지 않으면 잠시 가지게 되더라도 언젠가는 잃어버린다.’

세상의 모든 것에 너무 욕심을 내지 말고, 살아가라는 말이다. 필자는 지금까지 살면서 깨달은 것들 중에 하나가 바로, 자기 자신을 버리면 더 쉽게, 더 잘, 더 빨리, 더 많이 자신을 얻게 된다는 노자의 ‘무사성사‘ 원리이다.

자신의 성공과 욕심과 부를 모두 버리고, 다 내려놓으니까, 오히려 더 빨리 성공하고, 더 높게 성공하고, 더 멀리 성공하게 되었기 때문이다.

– 홍루몽을 한마디로 요약하면?

이 책을 한 마디로 하자면, '가장 중국적인, 중국인들의 삶이 담긴 중국다운 중국 고전 소설' 이라고 할 수 있다.

중국 청나라 때 저술된 최고의 걸작이다. 진짜다.

근대 중국의 그 시기에 중국인들이 살아가는 생생하고 리얼한 모습이 가장 잘 담겨 있는 작품이다. 그래서 중국인들의 삶의 모습이 가장 잘 묘사된 중국을 대표하는 근대 소설인 것이다.

중국인들이 만리장성보다 더 귀중하게 생각하는 책이 바로 이 책이다. 이 책은 하나의 소설이 아니라 하나의 학문으로 승화되기도 했다. 그래서 '홍학' 이라는 학문이 탄생하게 되었다.

그만큼 중국에서, 중국인들에게 이 책은 독보적인 가치를 가지고 있는 책이다.

한마디로 요약하면 필자는 어떻게 요약할까?

‘ 홍루몽은 근대를 대표하는 중국인들의 삶과 철학이 담긴 가장 중국다운 중국인들의 사랑 과 삶의 이야기 ’

하지만 한 마디로 방대한 이 책을 설명하기에는 어딘가 부족해 보인다. 좀 더 자세하게 요약해야 할 것 같다.

‘ 우유부단한 성격의 주인공 가보옥의 삼각관계 사랑 이야기와 한 집안의 흥망성쇠를 통해, 중국인들의 삶의 모습과 철학이 고스란히 녹아들어 있는 대하 장편 소설.’

홍루몽은 중국 최고의 소설이다. 명실상부한 최고의 책이다. 중국을 대표하는 책이며, 중국인들이 가장 사랑하는 책이며, 중국과 중국인들을 알기 위해서는 반드시 읽어야 하는 책이다.
중국을 이해할 수 있는 거대하고 선명한 중국 문화의 모든 것이 이 책에 담겨 있기 때문이다.

이 책의 제일 마지막 회 120회에는 이 책에 대해서 후

세 사람들이 평가하는 말을 덧붙여 놓았다. 그 말은 한마디로 인생의 허무함을 더욱더 꼬집어 놓았다.

“ 피눈물로 씌어진 이 이야기는
황당할수록 더욱 구슬프도다.
애당초 다 같은 꿈이었던 것을
세인들의 어리석음 비웃으면 어쩌랴! “

한낱 부질없는 이야기에 불과한 이 책은 거대한 중국과 중국인을 이해할 수 있는 중국의 문화 코드가 되어 버렸다.

– 홍루몽의 꼬리에 꼬리 물기.

'김병완의 고전불패' 라는 코너를 진행하면서, 몇 가지 포맷을 가지고 이 코너를 진행했다. 그 몇 가지 포맷 중 하나가 '김병완의 꼬리에 꼬리를 무는 고전 넘나들기' 였다.

이것이 무엇이냐면, 읽고 있는 책의 문장이나 주제 혹은 이야기를 토대로 하여 시간과 공간을 초월하여 다른 고전들을 맛볼 수 있게 한 두 마디로 다른 고전들을 다양하게 소개하는 것이다.

하지만 무턱대고 소개하면 이상하다. 그래서 읽고 있는 책과 연관이 있는 문장이나 단어, 주제 혹은 이야기를 토대로 하여 자연스럽게 이어지는 다른 고전들을 찾아서 이 책이 말 하고자 하는 주제나 이야기를 좀 더 넓게 그리고 깊게 이해할 수 있도록 하는 것이다.

첫 번째 꼬리가 되는 문장은 이것이었다.

" 미중부족 호사다마(美中不足 好事多魔)"

아무리 아름답고 훌륭하다 해도 부족함이 있는 법이다. 아무리 좋은 일이 많다고 해도 그만큼 안 좋은 일도 많은 법이다.

이 꼬리를 물고서 두 번째 나타나는 꼬리가 바로 [주역]에 나오는 '물극필반(物極必反)' 이라는 사자성어이다.

'사물이 극에 달하면 반드시 반전이 있게 마련이다.'

여기서 계속 다음과 같은 꼬리들이 꼬리를 문다.

' 달도 차면 기운다.' 라는 말이 있듯이, 행복한 것도, 즐거운 것도 차고 넘치면 후에는 반드시 불행이 닥쳐오게 된다는 말이다.

[명심보감]에도 이와 비슷한 말이 나온다.

' 즐거움이 극에 달하면 근심하게 된다.' 는 말이다.

[주역]에 다시 돌아가 보자. 이 의미와 가장 비슷한 말이

나온다.

‘ 궁즉변 변즉통 통즉구 ’ 이다.

‘ 궁하게 되면 변하고, 변하게 되면 통하고, 통하게 되면 오래 간다’ 는 말이다.

– 위대한 질문을 던져라.

고전을 읽는 독자들에게 필자는 한 가지를 부탁한다. 그 부탁은 고전을 읽고 그냥 마무리하지 말고, 고전을 읽을 때마다 스스로에게 위대한 질문을 던져 보라는 것이다.

자, 그렇다면 이 책을 읽고 당신은 어떤 위대한 질문을 던질 것인가?

필자의 경우, 방송을 통해서 위대한 질문을 던진 적이 있다. 필자가 던진 위대한 질문은 이것이었다.

“ 당신은 지금 무엇을 위해 살고 있습니까?”

뜬 구름과 같은 부귀영화에 목숨을 걸고, 인생의 소중한 것들을 낭비하고 포기하면서까지 그런 것들을 얻기 위해 열심히 살아가고 있는 것은 아닌지 스스로를 되돌아보아야 할 것이다.

세상의 부귀영화를 위해서 살기 보다는 자신의 발전과 성장을 위해서 사는 것이 훨씬 더 가치가 있는 일이다. 부귀영화는 얻었다고 해도 자신의 것이라고 말할 수 없다. 그냥 돌고 도는 것이다. 하지만 자신의 성장과 발전은 한 번 이루게 되면 그 만큼 자신의 것이 된다.

스스로를 가치 있는 사람으로 만든다는 것은 최고로 멋진 일이 아닐 수 없다. 뿐만 아니라 그것은 우주를 정복하는 일보다 더 위대한 일일 것이다.

우주보다 한 사람 한 사람의 삶이 더 중요한 의미가 있기 때문이다.

그런 점에서 '인생 뭐 있어?' 라고 말하는 사람과 사귀지 마라. 독서를 하지 않아서 의식 수준이 낮은 사람들에게 인생은 아무것도 없는 그런 무가치한 것으로 전락되고 만다. 그래서 하루하루 남들처럼 그렇게 살아가는 것이 가장 시급한 일이고, 중요한 일이 된다.

하지만 독서를 통해, 자신의 발전과 성장을 이룬 사람들에게 인생은 엄청난 기회와 가치가 있는 어마어마한 것이 된다. 독서해야 하는 이유가 바로 여기에 있다. 돈이나 성공보다 먼저 자신의 발전과 성장을 이루어야 할 이유가 바로 이것이다.

인생 뭐 있게 자신의 인생을 만드는 사람이 되어야 한다. 세종대왕보다 더 위대한 인물로 자신을 도약시키는 사람은 '인생 뭐 있어? '라고 말하지 않는다. 이순신 장군보다 더 큰 일을 할 수 있는 사람이 되어 인류와 민족을 위해 엄청난 일을 하는 사람은 절대로 '인생 뭐 있어?' 라고 말하지 않는다.

고전의 힘은 바로 이것이다. 스스로에게 위대한 질문을 던져, 자신을 위대하게 만들어 나갈 수 있게 길을 열어준다는 것이다.

“ 페르 귄트: (집에 다가간다) 가는 길도 오는 길도 한결같이 멀다. 나기도 들기도 한결같이 좁다. (멈춰 선다) 아니! 격한, 쉬임 없는 탄식처럼 안으로 집으로! 저기에 돌아가라고 하고 있네. ” < 175쪽 >

제2장. 인생은 도전이고 모험이다. _ 페르 귄트

“ 페르 귄트: 여기에 하나의 길이 있다. 다음은 어디인가? 사람은 모든 것을 시험해 보고, 최상을 선택할 노릇이다. 나는 그렇게 해 왔다. 멀리 시저로부터 시작하여, 네브카드네잘에 이르기까지.” < 151쪽>

“ 페르 귄트: 내가 한 번도? 이건 웃기는군! 페르 귄트가 자기 이외였다니! 아니 아니, 단추쟁이 영감, 눈뜬 장님이로군. 당신이 내 창자 속을 들여다볼 수 있다면 발견하는 것은, 오직 페르, 페르, 다른 것이라곤 눈곱만큼도 없어.” < 159쪽 >

“ 페르 귄트: (집에 다가간다) 가는 길도 오는 길도 한결같이 멀다. 나기도 들기도 한결같이 좁다. (멈춰 선다) 아니! 격한, 쉬임 없는 탄식처럼 안으로 집으로! 저기에 돌아가라고 하고 있네. ” < 175쪽 >

- 페르 귄트 얕게 빨리 읽기.

노르웨이 극작가 헨릭 입센의 희곡인 페르 귄트를 읽어 본 독자들은 많지 않을 것이다. 이 책을 읽은 후 반드시 찾아서 읽어 보기 바란다. 다만 페르 귄트 라는 책에 대해서 이야기를 나누기 위해서 얕게 한 번 훑어보는 것도 나쁘지 않을 것 같다.

이 책은 출간 당시 노르웨이인들을 이기적이며 비도덕적이며 비양심적으로 인식할 수 있게 해 줄 수 있는 책이라고 생각되어져서 거센 비판과 항의를 받기도 했다.

간단한 줄거리를 말하자면 이렇다.

이 책의 시작인 1막에서는 부유한 농부의 외아들로 태어났지만, 아버지가 재산을 다 날리고 세상을 떠나 가난하게 홀어머니와 함께 살고 있는 주인공 페르 귄트에 대한 이야기가 담겨 있다.

주인공 페르 귄트는 천성이 게으르다. 그래서 사람들로부터 조롱과 비웃음을 받는 다. 그가 마을 사람들의 비웃음과 조롱을 받는 이유는 뻔하다. 그는 일하기 싫어하고, 엉뚱한 상상만 하고, 지나친 공상에만 빠져 살기 때문이다.

몰락한 지주의 아들로서, 어머니의 간절한 바램에도 페르 귄트는 갈수록 문제아로 성장해 버린다. 결혼을 앞두고 있는 잉그리드를 결혼식장에서 납치해 달아나는 것으로 1막은 끝난다.

이 과정에서 페르 귄트는 결혼식 축하 파티에서 솔베이지를 만나 첫눈에 반하지만, 납치한 여성은 사랑에 빠진 여성이 아닌 다른 남자와 결혼을 앞두고 있는 신부였다.

페르 귄트가 그녀를 납치한 이유는 충격적이다. 화사하게 신부로 단장한 여성을 보자, 망상에 사로잡히게 되었기 때문이다.

2막에서는 페르 귄트가 납치해 온 잉그리드에게 싫증이 나서 그녀를 버리고, 다시 산 속을 방황하게 되고, 산중을 방황하던 중 새로운 여자인 마왕의 딸을 만나게 되고, 청혼하게 된다.

마왕의 딸과 함께 간 왕국에서는 트롤과 각종 요괴들이 그들을 맞이한다. 여기서 페르 귄트는 마왕으로부터 몇 가지 요구를 받게 된다.

왕국을 물려받으려면 기독교인의 옷을 벗고, 트롤처럼 꼬리를 달아야 한다는 것과 같은 요구들이었다. 페르 귄트는 이를 받아들이지만, 곧 마왕의 딸이 추는 춤을 보고, 역겨움을 느끼고 무례한 말을 내뱉게 된다.

이를 보고 화가 난 마왕이 페르 귄트를 공격하라고 트롤들에게 명령한다. 트롤들이 페르귄트를 향해 덤벼드는 그 절체절명의 순간, 교회의 종소리가 울려 퍼지고, 트롤들이 무기력해지면서, 페르 귄트는 간신히 도망쳐 나올 수 있게 되었다.

2막은 한 마디로 트롤의 왕국에서 페르 귄트가 펼치는 모험 이야기다. 트롤 왕국에서의 모험이 끝나고, 3막이 시작된다.

3막에서는 숲속에 오두막집을 지어 생활하는 페르 귄트가 잠시 솔베이지를 만나는 이야기로 시작된다. 솔베이

지와 페르 귄트는 다시 만나 사랑의 희열로 가득 차게 되지만, 솔베이지에 대한 질투심으로 충만해 있는 마왕의 딸이 나타나 페르 귄트를 괴롭힌다.

페르 귄트는 자신이 사랑하고 있는 솔베이지에게 어떤 해가 미칠 것을 두려워하여 혼자 고향으로 떠나고, 고향에서 노모의 임종을 보게 된다.

그 후 페르 귄트는 다시 먼 바다로 정처 없이 방랑의 길에 오르게 된다.

4막에서는 장사로 거부가 된 페르 귄트 이야기로 시작된다. 노예 매매, 쌀 등의 장사로 거부가 된 페르 귄트는 여기에 만족하지 않고 더 큰 망상을 품는 다. 그 망상은 바로 더 큰 거부가 되어 전 세계의 왕으로 군림하려는 망상이다.

이러한 망상을 품고 욕심을 내게 되면, 이성을 잃게 되는 것이 당연하게 된다. 그래서 쉽게 누군가로부터 사기를 당하게 되고, 배신을 당하게 되는 것이다. 페르 귄트도 역시 상인들의 배신으로 어이없이 빈털터리로 전락하게 된다.

빈털터리가 되었지만, 인생은 새옹지마라고 하지 않았던가? 우연히 말과 보석과 옷을 얻게 되고, 예언자처럼 행세하다가 아라비아 추장의 의붓딸 아니트라를 만나 첫눈에 반하게 되고, 그녀를 농락하며 거드름을 피운다.

하지만 아라비아 추장의 의붓딸 아니트라는 자신에게 반한 페르 귄트의 재물만 다 챙기고, 훌훌 떠나 버리고, 배신을 당한 페르 귄트는 이로 인해 다시 빈털터리가 되어 버린다. 설상가상으로 정신이상자로 몰려 입원을 강요당하기도 한다.

5막에서는 시간이 한참 흐른 후 백발이 다 된 페르 귄트가 등장한다. 시간이 한 참 흐른 후이기에 다시 페르 귄트는 부자가 되어 있었고, 고향으로 돌아가는 배의 갑판 위에 서 있다.

하지만 폭풍을 만나 조난당하는 바람에 그는 다시 모든 재산을 잃게 되고, 목숨만 건질 수 있게 되고, 우여곡절 끝에 고향에 돌아오게 된다.

고향에 돌아온 페르 귄트를 아무도 알아보지 못하는 것은 당연한 일이었다. 자신의 옛날 집인 줄도 모른 채, 자신의 허무한 인생을 회상하고 있는 그에게 솔베이지의 노래가 조용히 들려온다.

그때서야 비로소 페르 귄트는 깨닫게 된다.

가장 중요한 사실을 말이다. 자신이 그토록 찾아 헤매고 이루고자 했던 자신의 왕국이 세상 그 어디도 아닌 바로 자신의 고향, 자신의 집임을 말이다.

깨달음을 얻은 페르귄트는 비로소 솔베이지에게 깊은 사죄를 하게 되고, 솔베이지는 여전히 그를 사랑하고 용서하고 받아들인다. 결국 자기를 버리고 도망간 구제불능의 방탕한 연인을 한 평생을 다 바쳐, 백발이 될 때까지 기다리고 잊지 않았던 솔베이지는 결국 그를 구원해주는 숭고한 여성이 된다.

망상에 사로잡혀 평생을 살았던, 그리고 이제는 빈털터리 백발이 된 페르 귄트는 평생을 다 바쳐 자신을 기다려

준 백발의 솔베이지의 품에 안겨 생을 마감하게 된다.

– 페르 귄트와 그리스인 조르바.

이 책 '페르 귄트' 와 '그리스인 조르바 '를 비교해 보면 어떤 일이 벌어질까? 필자는 이것이 정말 궁금하다.

간단하게 비교해 보자.

이 두 권의 책이 독자들에게 던져주는 핵심 메시지는 각각 무엇일까?

페르 귄트는 인간답게 살고, 인간다워지고, 자기 자신이 되라고 말한다. 물론 역설적이지만 말이다. 하지만 '그리스인 조르바' 는 인간답게 살아야 한다는 의무감보다는 조금 가볍다. 아니 그냥 가볍다고 하기에는 너무 진지하다.

그리스인 조르바는 지금 이 순간을 즐기면서 자유롭게 살라고 말한다. 하지만 그냥 자유롭게 아무렇게나 살라고 말하는 것이 아니다. 기존의 사회에서 만들어진 틀에서 벗어나서 마음껏 살아보라는 것이다.

그래서 이 책을 읽고 인생이 달라진 사람들이 적지 않다.

그리스인 조르바는 이미 많이 알려졌고, 많은 사람들의 인생을 바꾸어 놓았다. 이에 반해 이 책과 견줄 수 있는 페르 귄트는 많이 알려지지 않았다.

그 이유는 무엇일까?

그리스인 조르바는 물론 1964년 영화화되어, 유명세를 타기도 했다. 이때 등장 인물이 바로 유명한 배우 안소니 퀸, 앨런 베이츠 등이었다.

그리스인 조르바의 인기가 어느 정도인지 알 수 있을 것이다. 하지만 페르 귄트도 어느 정도 유명세를 타기도 했다.

다만 영화가 아니라 음악과 연극을 통해서 그 이름이 알려졌다.

페르 귄트는 북유럽 예술인들에게 예술적인 영감을 많

이 준 작품으로 평가할 수 있다.

그리스인 조르바가 철저하게 현실적이었다면, 페르 귄트는 지독하게 비현실적이다. 그래서 페르 귄트는 몽상가이자 허풍쟁이인 것이다.

100여 명에 달하는 등장인물이 나오는 방대한 분량의 페르 귄트를 작곡가 그리그는 헨릭 입센의 부탁으로 곡을 만들었고, 예상치 못하게 그 곡은 대성공을 거두게 되었고, 그리그의 대표작이 되어 버렸다.

그리스인 조르바는 소설이지만, 페르 귄트는 2부 5막 38장으로 구성되어 있는 희곡이다. 그리고 여기에 등장하는 북유럽의 신화 속에 나오는 트롤은 이제 노르웨이의 마스코트가 되었다.

그리스인 조르바와 페르 귄트의 가장 큰 차이는 한 명의 삶을 보면, 저렇게 사는 것이 행복이고 자유이구나, 저렇게 살고 싶다는 것을 느끼게 되지만, 다른 한 명의 삶을 보면, 저렇게 사는 것이 잘못이구나, 저렇게 살면 안 되겠구나 하는 교훈을 얻게 된다는 것이다.

하지만 그럼에도 불구하고 페르 귄트는 다른 책에서 깨달을 수 없는 깊은 지혜도 선사해 준다. 그리고 그것만으로도 이 책은 읽어봐야 할 가치가 충분한 책으로 평가하기에 넘친다고 생각한다.

– 페르 귄트를 통해 배워야 할 인생의 지혜.

이 책을 통해 독자들이 스스로에게 던져야 하는 위대한 질문은 무엇일까?

" 당신은 단 한 번이라도 진정한 자기 자신이었던 적이 있었습니까?"

바로 이것이다. 진정한 자기 자신으로 삶을 살았던 적이 있는 가에 대해 묻고 있다. 진정한 자기 자신으로 산다는 것은 어떤 것인가? 그것은 바로 자기 자신에게 기회를 주는 삶이다.

자기 자신에게 기회를 주라. 돈이나 명예를 얻기 위해 당신은 자기 자신을 착취하고 있는 것은 아닌가? 타인이 원하는 것을 하기 위해 당신은 자기 자신에게 기회를 박탈하지는 않았는가?

가슴 뛰는 삶을 살아라. 그것이 자기 자신에게 기회를 주는 삶이다. 그것이 진정 자기 자신으로 살아가는 삶이다.

가슴이 뛰지도 않는 삶을 살기 위해 그렇게 열심히 배우고 공부하고 일하고 돈을 벌고 살아가고 있는가? 과연 무엇을 위해서 말인가?

우리는 너무 가식적으로 살고, 거래적으로 살고, 타협하면서 살고 있다. 이런 삶이 최선 인양 그렇게 살고 있다. 하지만 페르 귄트는 최소한 그렇게 살지 않았다.

페르 귄트와 비슷하게 몽상에 사로 잡혀 우스꽝스러운 삶을 살았던 사람이 또 한 명 있다.

스페인을 대표하는 소설가이자 극작가인 세르반테스의 소설 [돈키호테] 에 등장하는 주인공이다.

돈키호테는 누가 보면 정신이상자로 보인다. 그 만큼 자신만의 망상 속에 사로 잡혀 살아가는 인물이다.

하지만 우리가 이런 돈키호테와 페르 귄트를 읽는 이유가 무엇일까?

비록 실패한다고 해도, 비록 꿈이 실현되지 않을 지라도 우리는 현실과 타협하여 자기 자신이 아닌 그 무엇인가로 살아가는 것보다는 단 한 번이라도 진정한 자기 자신으로 살아보는 것에 대한 기대와 희망 때문이다.

가장 멋진 삶은 희망을 놓치지 않고, 자기 자신의 삶을 추구하고, 도전하고, 시도하는 삶일 것이다. 그렇기 때문에 비록 몽상가들에 불과하지만 이들의 삶을 통해 현실에서 도전하기 힘든 것들을 간접 체험하면서 말할 수 없는 희열을 느끼게 되는 것이 아닐까?

더 나아가서 이런 책들을 읽고 나서, 큰 용기를 얻게 되고, 그로 인해 자신도 위대한 꿈에 도전하는 삶을 살게 된다면 얼마나 멋진 일일까?

가장 어리석은 삶은 자기 자신으로 살지 않고 타인을 흉내 내거나 좇아가는 삶이다.

– 고전 넘나들기 _ [사기]와 [참을 수 없는 존재의 가벼움]

'김병완의 고전불패' 라는 코너에서 가장 비중 있게 생각하는 것은 바로 '꼬리에 꼬리를 무는 고전 넘나들기' 이다. 이 책에서 가장 먼저 꼬리가 될 문구를 찾아보면 가벼움에 대한 이야기였다.

좀 더 생생한 느낌을 전달해 주기 위해서 이번에는 색다르게 방송에서 실제로 다루었던 대화체 위주로 읽어보면 어떨까?

" 제가 이 책을 읽으면서 가장 먼저 제 가슴에 와 닿았던 대사는 2막을 막 시작했을 때, 잉그리드가 페르 귄트에게 죗값을 치르게 될 것이라고 협박할 때, 페르 귄트가 받아치는 대사입니다.

" 제일 무거운 것이 제일 가벼운 거야."

저는 이 대사를 통해 무거움과 가벼움이라는 핵심 키워드를 붙잡았습니다.

무거움과 가벼움과 관련된 고전 혹은 삶의 지혜는 어떤 것들이 있을까요? 정말 궁금해지지 않습니까?

가장 먼저 동양고전으로 가보겠습니다.

중국의 현인 노자는 도덕경에서 이런 말을 했습니다. 도덕경 잘 아시죠.

" 무거운 것은 가벼운 것의 뿌리가 되고, 고요함은 조급함의 임금이 된다."

정말 엄청난 내공이 느껴지는, 아우라가 있는 문장 아닙니까? 일단 엄청난 삶의 지혜가 담긴 고전의 말이라고 할 수 있습니다.

이 말 속에 과연 어떤 위대한 삶의 지혜가 담겨 있을까요?

한 마디로 '가볍게 처신하면 근본을 잃게 된다.' 는 의미가 담겨 있습니다. 즉 '경거망동' 하지 말고, 진중하게 무겁게 행동하라는 것입니다.

한자어 공부를 많이 하셔야 하고, 논술을 준비해야 하는 학생들에게는 이 말이 매우 유용하게 사용될 수 있을 것

같아요.

한자어로 하면, ‘중위경근, 정위조군(重爲輕根 靜爲躁君)’입니다. 이 말에 대해 좀 더 깊이 있게 설명을 하면 이렇습니다. 다르게 표현하면, ‘무거운 것은 가벼운 것의 주인이 되고, 고요한 것을 소란스러움을 다스리는 주인이 된다.’는 말이다.

생각해 보세요.

움직이는 새는 가볍고, 움직이지 않는 새는 무겁습니다.
깊은 물은 무겁고, 얕은 물은 가볍습니다.

깊은 물은 조용히 흐르고, 얕은 물은 시끄럽게 흐릅니다.
설익은 이삭은 가볍고, 영근 이삭은 무겁습니다.

그래서 설익은 이삭은 고개를 숙이지 않고, 영근 이삭은 고개를 숙입니다.

정리하면 가벼운 것은 시끄럽고 교만하고 얕고 설익은 것입니다. 사람도 그렇죠.

무거운 것은 고요하고 겸손하고 깊고 영글었습니다.

바로 이렇기 때문에 우리는 무겁게 살아야 한다는 삶의 지혜를 배울 수 있습니다.

좀 더 깊게 내려가면, 생각이 무거운 사람은 입이 무겁고, 생각이 가벼운 사람은 입이 가볍습니다.

여기서 배워야 할 교훈은 말을 많이 하는 사람은 가벼운 사람이라는 것이죠. 그렇기 때문에 여기서 다언삭궁(多言數窮)이라는 교훈도 얻을 수 있습니다. 말이 많은 사람은 곤궁함에 처하게 된다는 말입니다.

자 여기서 멈출 수는 없죠. 꼬리에 꼬리를 물고 다음 고전으로 넘어 가면 어떤 고전이 있을 까요? 과연 무거움과 가벼움이라는 주제로 어떤 고전이 연결 될 수 있을 까요?

저는 가벼움과 무거움에 대해서 저는 두 권의 책을 동양과 서양을 대비시켜 말씀드리고 싶습니다.

동양은 <사마천>의 <사기>이고,
서양은 밀란 쿤데라의 <참을 수 없는 존재의 가벼움> 입니다.

밀란 쿤데라는 이 책에서 역사에 대해서 이렇게 정의합니다. 물론 가벼움에 대한 이야기죠.

" 역사란 개인의 삶만큼이나 가벼운, 참을 수 없을 정도로 가벼운, 깃털처럼 가벼운, 바람에 날리는 먼지처럼 가벼운, 내일이면 사라질 그 무엇처럼 가벼운 것이다."

밀란 쿤데라는 역사가 가벼운 것이라고 했는데, 사마천은 인간의 삶과 죽음이 가벼울 수도 있고, 무거울 수도 있다고 이야기를 한다는 것이죠.

인간학의 교과서인 사마천의 사기를 보면, 사마천이 사람의 죽음의 가벼움에 대해 이런 말을 하는 것이 나옵니다.

" 사람은 누구나 한 번 죽는 다.
어떤 죽음은 태산보다 무겁고,

어떤 죽음은 새털보다 가볍다.

죽음을 사용하는 방향이 다르기 때문이다. “

자 우리가 삶과 죽음조차도 다 같은 것이 아니라 사용하는 방향, 목표에 따라서 태산보다 무거운 삶과 죽음이 있고, 새털보다 가벼운 삶과 죽음이 있다면 어떤 것을 선택해야 할 까요?

선택은 시청자분들의 몫입니다. 고전 읽기를 애청하는 분들은 태산보다 무거운 삶을 선택하지 않을까요?

자 어떻습니까. 가벼움과 무거움에 대해서 꼬리에 꼬리를 무는 고전 넘나들기를 해 봤습니다. “

– 진정한 자기 자신이 되라.

이 책이 던져주는 핵심 메시지는 바로 ‘당신 자기 자신이 되어라’ 는 것이다. 왜? 당신 삶의 리더는 당신이어야 하기 때문이다.

타인이 당신의 삶을 대신 살아 주지 못한다. 세상의 중심에서 타인의 삶을 흉내 내면서 살아가서는 안 된다.

그렇게 살아서는 안 되는 이유 중 하나는 당신이 타인을 흉내 낼 때 자신의 잠재력의 4분의 3을 상실하게 되기 때문이다.

당신이 지금 평범하다면, 그것은 너무 많이 다른 사람처럼 살아가고 있기 때문이다. 당신이 비범하다면, 그것은 당신이 당신 자신이 되는 법을 발견하고, 알고, 깨닫고, 그렇게 살아가고 있기 때문일 것이다.

당신이 어느 쪽이든 제발 좌절하거나 혹은 자만하지 말기를 바란다.

진정한 자기 자신이 되면 비범해지고, 특별해지고, 대범해지고, 유연해지고, 강해진다. 그러므로 자기 자신이 되어야 한다.

가장 아름다운 것은 바로 우리 자신의 것이듯, 가장 강할 때는 가장 자기 자신다울 때이다. 힘들여 타인이 되려고 해서는 안 되는 이유가 바로 이것이다.

이 세상에 타인의 삶을 열심히 잘 살아가는 사람만큼 더 바보는 없을 것이다. 우리는 그렇게 살아왔는지도 모른다. 그러면서도 자신의 선택과 삶이 바보스러운 것인지도 모른체 말이다. 하지만 이제부터는 달라야 한다.

최소한 페르 귄트의 독자라면 말이다.

무엇보다도 자기 자신이 삶의 CEO가 되어야 하기 때문이다. 어떤 것도 당연하게 여기지 말아야 한다. 이 세상에 당연한 것은 없다. 이 세상에 공짜는 없다. 당신이 자기 자신이 되기 위해서는 먼저 자기 자신을 신뢰해야 한다. 자기 자신을 믿어야 한다.

우리는 모두 우리 삶의 리더이자 CEO 이다. 가장 당연한 이 사실을 우리는 모두 외면하고 살아가고 있는지도 모른다. 그래서 헨리 데이비드 소로우가 말한 것처럼 ‘조용한 절망의 삶’ 을 살고 있다.

우리가 조용한 절망의 삶에서 최소한 벗어날 수 있는 최소의 방법은 자기 자신이 되는 것이다. 자기 자신이 된다는 것은 인생에 대한 두려움과 게으름으로부터 자신을 지킬 줄 안다는 것을 의미한다.

페르귄트를 통해서 배워야 할 것 중 하나는 세상에 대한 두려움을 극복했다는 점일 것이다. 평범한 사람들이라면 도저히 할 수 없는 망나니짓을 했다고 하지만 페르 귄트는 진정한 행동가였다.

한 가지 분명한 사실은 우리가 진정으로 행동할 줄 아는 행동가가 된다면 우리의 삶은 분명 어제와 다를 것이라는 사실이다.

우리가 우리 자신이 되어야 하는 이유도 따지고 보면 이것이다. 우리가 우리 삶의 진정한 주인이 되고, 리더가 될 때 비로소 내면으로부터 솟아나는 무한 힘을 통해 진정한 행동가로 거듭날 수 있기 때문이다.

– 지금 방황하고 있다면 페르 귄트를!

당신이 지금 방황하고 있다면 이 사실 한 가지만은 명심해 주면 좋겠다.

인간은 존재하는 한 방황에서 벗어날 수 없다는 사실을 말이다. 즉 당신이 지금 방황하고 있다면 그것은 굉장히 좋은 일이다. 그만큼 더 성장할 수 있기 때문이다.

이 책에 보면 '귄트적 자아'라는 말이 나온다.

'귄트적 자아'는 한 마디로, 가슴을 들뜨게 하고 그렇게 살게 해 주는 것으로 희망, 소망, 욕망의 산과 기지, 욕구, 추구의 바다를 지칭할 수 있다. 당신에게는 어떤 귄트적 자아가 있는가?

당신은 어떤 것에 가슴이 설레고 들뜨는가? 그것이 바로 당신에게 '귄트적 자아'인 것이다.

페르 귄트는 평생 허황된 일만 벌이고, 알맹이나 실속은 없고, 껍데기만 가득한 그런 사나이이다.

현실을 직시하지 못하고 이상하게 인식하고 그로 인해 이상한 행동만 일삼았다. 하지만 인간의 정신을 포기하지 않았다. 다시 말해 인간 정신의 반항을 내려놓지 않았다.

수동적인 노예의 삶에서 가장 큰 특징은 반항하지 않고 시키는 일을 하고, 정해진 사회의 틀 속에서 조용히 살아간다는 것이다. 그런데 페르 귄트는 그렇게 하지 않았다.

오히려 그 반대로 지나칠 정도로 그렇게 살았다. 너무 많은 사람이 너무 평범하게 조용히 절망하며 주어진 사회 구조 속에서 자유보다는 수동적인 삶을 선택하며 살아가고 있다. 이것이 가장 큰 문제가 아닐까?

지금 방황하고 있다면, 자신이 왜 방황하고 있는지 살펴보아야 한다. 그것이 개인적인 문제든, 사회적인 문제든, 국가적인 문제든, 아니면 인류적인 문제든 상관없다.

방황하고 있는 이유가 없다는 것 자체는 개인적인 문제다. 개인에 대한 정체성, 이유를 찾지 못 했기 때문이다.

그렇기 때문에 당신이 지금 방황하고 있고, 그 이유가 무엇이든 상관없이 그렇다면 페르 귄트를 꼭 한 번 읽어 보아야 한다.

지금 이 세상에서 방황하고 있는 모든 사람들을 대신해서 지나치게 행동해 주는 사람이 바로 페르 귄트이기 때문이다.

진정한 삶이란 무엇일까? 어떻게 사는 것이 좋은 삶일까? 여기에 대해서 누가 명확하게 답을 할 수 있으랴?

하지만 페르귄트는 다음과 같이 아니트라와의 대화를 통해 산다는 것이 어떤 것인지 말해 준다.

" 페르 귄트 : 교활함도 극도에 달하면 바보가 되지. 겁보의 봉오리도 꽃을 피우며 잔혹해지고 진실도 너무 멀리까지 추구하면 뒤집힌 지혜가 되지. 그래, 이봐...... 나는 개처럼 버림받아도 좋아. 만일 세상이 영혼만을 먹고, 사물을 이해하는 쪽은 모두 나쁘다는 무리들로 가득 차 있지 않다면 나는 그런 놈을 하나 알고 있지. 여럿 가운데에서도 뛰어나게 빛나는 사나이, 그러한 그도 목적을 잘못 헤아려 소란 속에서 인생을 헛되게 보냈지. 자아, 봐요. 오아시스를 둘러싼 이 사막을, 나는 다만 터번을 흔드는 것만으로, 온 세계의 바다를 끓게 하여 이 불모의 땅에 차고 넘치게 할 수도 있는 거야. 하지만 그렇게 해서 바다나 육지를 만든다든가 하면 나는 어처구니 없는 바보지. 산다는 것이 어떤 것인지 알고 있어?

아니트라 : 가르쳐 주세요!

페르 귄트 : 그것은 발을 적시지 않고 흐름을 따라 떠돌며 시대의 강을 내려가는 것. 완전히 자기 자신을 간직하면서. 단지 사나이라는 힘에 의해서, 이 봐. 나는, 나 자신일 수가 있어! 늙은 독수리는 날개를 떨어뜨리고, 늙은 거지는 야위고, 쇠약해지고, 늙은 여자는 이빨을 잃고, 늙은 사내는 손이 주름투성이가 되지. 그도 저도 모두 영혼이 메마르지. 젊음이야! 젊음! “

한 마디로 자기 자신을 간직하면서, 이 시대의 강을 흐름을 따라 내려가면서 발을 적시지 않는 것이 산다는 것! 그 자체인 것이다.

이 책은 길을 잃고 헤매는 사람들이 읽으면 아주 좋다. 왜냐하면 바로 그런 사람들이 이 책의 주인공이니까 말이다. 그래서 자신과 비슷한 하지만 분명 똑같은 인물이 아닌 자신이 아닌 다른 누군가의 삶을 간접적으로 책을 통해서 경험하게 됨으로써 자기 자신은 좀 더 나은, 다른 삶을 살고자 하는 욕망이 생기고, 더 나은 삶에 대한 소망이나 동기 부여가 저절로 될 수밖에 없도록 만들어 줄 것이기 때문이다.

– 페르 귄트를 한마디로 요약하면.

필자가 독서법 강의에서 항상 강조하는 독서 관련 이야기 중에 하나는 '한 권의 책을 읽으면 반드시 한 문장으로 요약해야 한다'는 것이었다.

그렇기 때문에 이 책을 읽었다면 독자들은 반드시 한 문장으로 요약하는 연습을 해야 한다. 그런 과정을 통해 이 책을 열 번 혹은 백 번 읽은 사람들보다 훨씬 더 많이 무엇인가를 배우고 얻을 수 있기 때문이다.

그렇다면 이 책 '페르 귄트'라는 책을 한 문장으로 요약하면 어떤 문장이 되어야 할 까? 물론 사람마다 다를 수 있고, 열 번 읽었을 때와 백 번 읽었을 때는 다를 수 있다.

세종대왕이 백독백습(百讀百習)을 독서의 원칙으로 삼은 이유가 바로 이것이다. 열 번 읽은 것과 백 번 읽은 것은 큰 차이가 나기 때문이다.

중국에서는 이와 관련하여, 독서백편의자현讀書百遍義

自見이라는 말이 있는데, 이것도 바로 이런 이유에서이다.

또 중국에서는 '손자천독 달통신' 이라는 말이 있다. 손자병법을 천 번 읽으면 도가 통하게 되어 문리가 트이고 세상을 바라보는 눈이 달라진다는 말이다. 즉 읽은 만큼 많은 것을 얻게 되고 깨닫게 된다는 말이다.

이 책을 읽고 한마디로 요약해 보면 이런 말로 요약할 것이다.

' 새털같이 가벼운 삶을 살지 말고, 자기 자신의 삶을 살아라.'

이 말로 요약할 수 있을 것 같다. 진짜다. 그 이상의 다른 멋진 문장도 필요 없다. 그렇게 하려고 애쓰지도 마라. 시간 낭비이기 때문이다. 하지만 책을 여러 번 읽으면서 생각과 사고의 폭을 넓히고 더 깊게 책의 세계에 빠져서 의식의 세계를 확장해 보는 것은 절대로 시간 낭비가 아니다.

더 짧게 요약한다면 이것이다.

“ 자기 자신의 삶을 살자!”

우리는 타인의 삶을 제대로 살아내지 못한다. 그것은 우리의 것이 아니기 때문이다. 우리는 우리 자신의 삶만을 제대로 살아낼 수 있다. 그렇기 때문에 우리는 우리의 삶을 살아야 하는 것이다.

단추공　하지만 페르, 이런 작은 일에 뭐 그렇게 핏대를 올릴 필요는 없잖아요. 당신이 진정한 자기 자신이었던 적은 단 한 번도 없었어요. 그렇다면 깨끗이 죽는다고 해서 안 될 것도 없잖아요?

페르 귄트　단 한 번도? 이건 웃기는 얘기로군! 페르 귄트가 자기 자신인 적이 없었다니! 단추공 영감, 당신은 눈뜬장님이로군요. 당신이 내 창자 속을 들여다볼 수 있다면 내가 오직 페르, 페르일 뿐이란 걸 발견하게 될 거요, 다른 것이라곤 눈곱만큼도 없어요.

단추공　그럴 리가 없소. 여기 난 명령서를 가지고 있어요. 자아, 똑똑히 씌어 있어요, '페르 귄트를 데려올 것, 그는 인생의 정의를 헛되게 했다. 잘못 만들어진 것으로서 그를 다시 주물 국자 속으로.'

< 191쪽 중에서, 헨릭 입센 [페르 귄트] >

이 책의 핵심 장면을 손꼽아 보라고 누가 묻는다면 필자는 서슴없이 이 장면이라고 말하고 싶다. 물론 더 긴박

하고 짜릿한 장면도 있지만, 이 장면은 이 책이 당신에게 던지는 위대한 질문이 담겨있는 매우 중요한 장면이라고 할 수 있기 때문이다.

이 작품은 노르웨이의 전설에서 테마를 얻은 희곡이다. 사냥꾼인 페르 귄트가 현실과 비현실을 넘나들면서 괴이하고도 흥미로운 이야기를 풀어내는 줄거리를 이 작품은 담고 있다.

하지만 이러한 흥미롭고 기괴하기까지 한 이야기들은 한 마디로 허위와 위선의 사회를 비판하는 데 초점을 맞추고 있다고 말해도 과언이 아닐 정도로 이 책은 참된 것을 찾아야 한다고 주장하는 듯하다.

너무 허풍이 심한 주인공의 모습을 통해 그런 사람은 절대 되지 말라고 말하는 것인지도 모른다. 하지만 도전하고 모험하고 남이 아닌 자기 자신의 길을 꿋꿋하게 개척해서 나가는 모습은 주인공의 삶의 모습을 통해 배워야 할 점이다.

이 책은 바로 주인공과 같은 사람들이 꼭 읽어야만 한

다. 길을 잃고 헤매는 사람들, 남과 다른 길을 가고자 하는 사람들, 세상의 시선을 피하지 않고 당당하게 받아들이고 그것에 부딪히는 그런 사람들이 읽어야 한다.

좀 더 지혜롭게 살아 나가는 방법 혹은 잘 살아가는 질문에 대한 정답은 이 책에 없다. 이 책은 오히려 더욱더 혼란스러운 질문만을 던진다고 해도 과언이 아니다. 하지만 정답이 없기 때문에 이 책은 오히려 우리로 하여금 올바른 인생에 대해 생각하게 하고, 좀 더 나은 삶을 살아갈 수 있게 해 준다고 생각할 수 있다.

모든 고전의 위대함은 바로 여기에 있다. 정답이 없기 때문에 오히려 읽는 독자들이 스스로 정답을 찾아내도록 이끌어 준다는 데 있다.

이 책을 읽으면서 뚜렷하게 대비되는 것 중에 하나가 인간과 트롤의 대비다. 인간은 인간다워지는 것이 최고의 목표라면, 트롤은 스스로 만족하는 것이 최고의 목표이며 특징이라고 할 수 있다.

이 책을 읽는 독자들이 가장 고려해 봐야 할 부분은 자기 자신이 스스로 자기 자신에게 만족하며 그로 인해 안주하는 삶, 나태한 삶을 살고 있는 트롤이 아닌지 스스로 반문하면서 이 책을 읽어 나가야 한다는 것이다.

동시에 자기 자신은 페르 귄트와 같이 살아가고 있는 것은 아닌지? 살펴봐야 한다.

니체는 '인간은 자기 자신을 뛰어넘어야 할 그 무엇'이라고 말했다. 우리는 하루하루 자기 자신을 뛰어넘으면서 살아가야 한다. 그것이 가장 인간적인 것이 아닐까?

분명한 사실은 하루하루 만족하며 안주하는 삶은 절대로 어제의 자기 자신을 뛰어 넘을 수 없다는 사실이다.

위대한 인물이란 한 마디로 자기 자신을 날마다 뛰어넘은 사람이다. 인생이란 도전이고 모험이다. 진짜 자기 자신을 한 번도 만나지 못한 채 평생 살아가는 사람들이 너무 많다.

우리가 자기 자신을 뛰어넘어야 할 이유가 바로 이것이

다. 진짜 자기 자신은 어제까지의 자기 자신이 아닐 수 있다는 점을 고려해야 한다. 진짜 자기 자신은 어제의 자기 자신과 비교도 할 수 없을 정도로 엄청난 거인일 수 있기 때문이다.

앞에서 언급했던 권트적 자아가 바로 자신을 넘어설 수 있는 사람이다. 가슴을 설레게 해 주는 삶을 선택해서 살아갈 때 인간은 가장 창조적이고, 능동적이고, 긍정적이 되기 때문이다.

우리 모두 이 책을 읽고, 권트적 자아로 충만한 페르 권트가 되어 보면 어떨까? 이 책에 나오는 페르 권트가 아닌 진정한 자기 자신으로서의 페르 권트가 되어 보는 것을 필자는 권하고 싶다.

" 정신분석적 발견의 결과 오늘날 우리는 '시간과 공간이 사고의 필요불가결한 형식들' 이라는 칸트의 법칙을 논해야 한다. 우리는 무의식적 정신 과정이 그 자체로 무시간적이라는 것을 알았다. 이 말은 우선 그 정신 과정에서는 시간적으로 질서가 만들어지지 않았고, 시간이 어떤 방식으로도 그 과정을 변화시키지 않으며 시간의 개념이 그것에 적용될 수 없다는 의미다. 이것들은 부정적인 특징인데, 의식적인 정신 과정과 비교해보면 분명히 이해할 수 있다."

_ 프로이트.

제3장. 인류에게 무의식의 세계를 펼쳐 보여주다. _ 꿈의 해석 .

“ 내가 여기서 증명해 보이고자 하는 것은 다음과 같은 사실이다. 즉, 꿈을 해석할 수 있는 심리학적 기법이 있다는 사실과, 그 기법을 응용함으로써 모든 꿈은 사람이 각성시 마음의 움직임 속의 어느 일정한 위치에 배치시킬 수 있는 의미 깊은 마음의 소산이라는 사실이다. 따라서 꿈의 기묘성과 애매성을 설명하고, 그 과정을 통해서 인간의 마음이 갖고 있는 여러 가지 힘의 정체를 밝혀 보고자 한다. 그것은 이런 마음의 힘들이 서로 협력하거나 반발함으로 해서 꿈이라는 것이 생겨나는 것이기 때문이다.” < [꿈의 해석], 21쪽 >

– '꿈의 해석 ' 그리고 ' 프로이트 '에 대해.

20세기를 마감하면 [타임]지는 20세기에 영향을 끼친 인물 50명을 선정했다. 그중에서 가장 맨 먼저 손꼽은 인물은 바로 프로이트였다.

왜 그럴까?

프로이트의 무의식의 발견은 단순한 인식의 변환이 아니라 그 이상의 의미와 가치가 있기 때문이다. 그것은 인간 내면의 본질적인 문제에 인류의 관심과 주의를 돌린 20세기를 대표하는 위대한 지적 혁명이기 때문이다.

그럼에도 불구하고, 무의식의 발견을 밝힌 [꿈의 해석]이란 책은 프로이트가 매우 작은 원고료를 받고 출간한 책에 불과했다.

더군다나 초판으로 겨우 600부만 인쇄를 했고, 그것마저 다 팔리는 데 8년이라는 세월이 걸렸다. 정신분석학의 창시자의 위대한 책의 초창기 판매 실적은 거의 대실패인 셈이다. 하지만 프로이트는 자신의 저서 가운데 이 책 [꿈의 해석]을 제일 높게 평가했다.

프로이트의 [꿈의 해석]은 우리 자신인 인간의 참 된 모습에 대해 뜨겁게 생각해 볼 수 있게 헤 주었던 논란의 책이었다. 무엇보다 인간을 이성적인 인간으로 바라본던 인류에게 인간을 본능적 욕구와 욕망에서 자유롭지 못한 비이성적인 인간으로 바라보게 해 주었던 것이다.

우리 내면에 감추어져 있던 우리의 모습을 프로이트는 꿈을 통해 인류에게 깨우쳐 주었던 것이다.

프로이트는 너무나 오랫동안 주류에서 배척당했고, 무시당했다. 하지만 이제 그의 이론은 완벽하다고는 할 수 없지만, 문학, 예술, 철학, 심리학, 의학 등에서 수용하고 있고 활용하고 있다.

프로이트는 자신이 꿈을 해석하는 의도에 대해서 이렇게 말한 적이 있다.

" 꿈을 분석하는 나의 의도는 복잡한 신경증적 메커니즘의 문제를 해결하기 위해 예비 작업을 하는 것이다."

< [꿈의 해석], 109쪽 >

그는 무의식의 존재를 밝혀낸 [꿈의 해석]을 자신의 저작 가운데 가장 중요한 책이라고 여겼다. 그리고 그는 꿈을 소망 충족을 바라는 잠재의식이 왜곡되어 상징화되고 의식화된 것으로 규정했다.

프로이트는 유태인이다. 그리고 그는 처음부터 정신 분석학을 공부하려고 했던 것은 아니다. 그가 병원을 개업한 것은 행운이었다. 그는 수많은 환자의 임상경험을 통대로 자신의 이론을 발전시켜나갈 수 있었기 때문이다.

[꿈의 해석]이라는 책의 집필 과정이 그렇게 쉬운 것은 아니었다. 심지어 그는 그의 친구인 플리스에게 보낸 편지에 보면, 너무 힘이 들고, 어려워서 포기하겠다고 말하기도 했다.

하지만 그는 모든 어려움과 난제를 극복하고 드디어 [꿈의 해석]을 출간했고, 그 책은 지금까지 위대한 작품으로 평가받고 있다.

“ 빛이 나타났다네. 다른 어떤 것이 다가올 미래에 틀림없이 빛이 솟아오를 것일세. 꿈의 구조는 매우 일반적인 사용방법이 될 수 있네. 그리고 히스테리의 열쇠는 정말로 꿈에 포함되어 있어.” < [플리스에게 보낸 편지], 241쪽 >

그의 말처럼 꿈에는 히스테리의 열쇠가 숨어 있었을 뿐만 아니라 무의식의 세계로 가는 열쇠까지도 숨어 있었던 것이다.

20세기 출간된 위대한 책 중에 하나인 이 책은 놀랍게도 처음 출간된 후 6년 동안 351권 밖에 판매되지 않았다고 한다. 그 이유 중에 가장 큰 이유는 학계의 무시와 배척이었다.

프로이트를 배척하고 정신병자 취급했고 무시했던 학계의 거부 반응은 상상 이상으로 오래 되었고, 심했던 것이다. 그럼에도 [꿈의 해석]의 위대함은 프로이트의 정신분석학이 정식 학문의 한 줄기로 확고히 자리를 잡게 해주기에 부족함이 없었다.

프로이트는 여덟 살에 셰익스피어를 읽었고, 청소년기에는 괴테를 읽고 큰 감명을 받았다고 한다.

그는 [꿈의 해석] 첫 장에서 다음과 같이 자신이 이 책을 쓴 이유에 대해서 밝힌 바 있다.

“ 내가 여기서 증명해 보이고자 하는 것은 다음과 같은 사실이다. 즉, 꿈을 해석할 수 있는 심리학적 기법이 있다는 사실과, 그 기법을 응용함으로써 모든 꿈은 사람이 각성시 마음의 움직임 속의 어느 일정한 위치에 배치시킬 수 있는 의미 깊은 마음의 소산이라는 사실이다. 따라서 꿈의 기묘성과 애매성을 설명하고, 그 과정을 통해서 인간의 마음이 갖고 있는 여러 가지 힘의 정체를 밝혀 보고자 한다. 그것은 이런 마음의 힘들이 서로 협력하거나 반발함으로 해서 꿈이라는 것이 생겨나는 것이기 때문이다.” < [꿈의 해석], 21쪽 >

그가 말한 꿈을 해석할 수 있는 심리학적 기법이 바로 정신 분석학이라고 할 수 있을 것이다.

– 모든 꿈은 욕망의 충족이다.

프로이트는 이 책을 통해 우리에게 꿈은 아무 의미도 없는 개꿈이 아니라, 욕구와 소망의 충족을 위해 만들어지는 것이라고 주장했다.

현실 세계에서 현실의 벽 때문에 실현시킬 수 없었던 욕망, 특히 성적 욕망과 본능적인 욕구가 충족될 수 있는 돌파구가 바로 꿈이라는 것이다. 뿐만 아니라 꿈은 여러 가지 사실들을 알려주는 단초가 된다.

하지만 꿈은 왜곡되어 나타나고, 검열을 받기 때문에 꿈에 나타나는 소망이나 욕구는 왜곡된 것이며, 억압된 것은 꿈으로 나타나지 않는다.

프로이트가 이렇게 꿈에 대해 연구하고 그 결과를 한 권의 책으로 발표하기 이전에도 꿈에 대한 연구가 미비했지만 존재했던 것이 사실이다.

고대부터 꿈을 신의 계시나 미래에 대한 예시 정도 혹은 과거 일에 대한 단순한 재현 정도로 파악해 왔다. 그리스나 로마 시대의 사람들은 전지 전능자의 세계를 꿈과 연관시켰고, 그래서 꿈꾸는 자는 신의 계시를 받은 것이라고 자주 생각하게 되었다.

아리스토텔레스는 꿈은 인간 정신의 원칙들로부터 나온 것, 즉 수면 중의 영혼의 활동이라고 정의했다.

또 꿈은 현재의 일을 생각하거나 미래를 예견하는 것으로 여겼다. 하지만 프로이트는 꿈의 사례들을 통해 구체적으로 해석해 내기 시작했다.

그가 발견한 꿈에 대한 여러 가지 사실들을 살펴보면 매우 흥미롭다.

꿈은 절대로 아무런 이유 없이 우연히 생기지 않는다고 한다. 아무리 요상한 꿈이라도 꾸었다면 그것은 무엇인가가 꿈을 꾸도록 했기 때문이라는 것이다. 그리고 그 무엇인가를 프로이트는 자극이라고 말한다.

즉 잠을 자고 있는데 외부에서 외적 자극이 오거나 내면에서 심적 자극이 오면 꿈을 꾸게 되는 것이다.

프로이트는 그 당시 이룰 수 없는 꿈을 꾸었다. 그것이 바로 사람들의 꿈을 해석할 수 있음을 보여 주는 것이었다. 그리고 그는 그 꿈을 어느 정도 이루었다.

꿈이 아무런 이유도 의미도 없이 이루어지는 행위가 아니라 어떤 원인에 의해서 생겨나는 정신적 행위이며, 그 원인을 찾아서 꿈에 의미를 부여하는 것이 바로 꿈을 해석한다는 것이다.

그 당시에 대부분의 사람들과 전문가들조차도 꿈은 의미가 없는 것이며, 불합리하고, 황당무계한 것이라고 여겼다. 하지만 프로이트는 다르게 생각했다.

결론적으로 프로이트는 꿈은 소망을 충족하기 위한 것이라고 생각했고, 연구를 통해 동일한 결론을 내렸다.

하지만 악몽과 같은 꿈을 어떻게 소망 충족이라고 할 수 있을 까? 라는 의문이 남는 다. 여기에 대해 프로이트는 겉으로 드러난 꿈만을 보면, 불쾌하고 불안한 꿈이라고 생각할지 몰라도 그 꿈을 꾸게 만들었던 깊은 꿈의 생각을 살펴보면, 결국 그 꿈도 소망 충족이라는 것이다.

이 과정에서 꿈은 왜곡되어 나타난다는 것을 그는 또한 주장한다. 꿈이 왜곡되는 요인 중에 하나는 밝히고 싶지 않은 심리적인 요인이다.

어떤 법학자가 프로이트에게 찾아와서 꿈이 소망의 충족이라고 말하면서 그런 터무니없는 이론을 너무 성급하게 일반화시키는 것을 멈추라고 말하기 위해 프로이트의 이론에 반박을 하는 꿈 이야기를 해 주었다.

어떤 부인과 함께 자신의 집에 가는 꿈 이야기인데, 집에 가는 도중 경찰에게 체포되는 이야기다. 그 죄명은 영아 살해라는 것이다.

이런 허무맹랑한 꿈이 도대체 어떻게 해서 소망 충족이라는 것인지 따졌던 것이다. 프로이트는 이 법학자와 이런저런 대화를 통해 이 꿈도 역시 궁극적으로 소망의 충족이라는 사실을 밝혔다.

이 법학자는 어느 부인과 외도를 하는 관계였다. 그런데 잘못해서 부인이 아이라도 임신하게 되는 경우에는 세상에 다 알려지게 될 것이 뻔하다. 그래서 이 법학자는 아이를 만들지 않는 것이 소망이었고, 그 소망은 꿈에 영아살해라는 왜곡된 현상으로 나타나게 되었던 것이다.

프로이트는 자신의 꿈 소망 이론을 정면으로 반박하는 꿈을 '소망 반대 꿈' 이라고 말한다. 특히 소망이 거부되는 꿈이나 꿈에서 전혀 원치 않는 일이 일어나는 꿈들이 대표적인 경우이다.

이런 꿈들의 요인은 놀랍게도 프로이트의 이론이 틀렸다는 것이 증명되는 소망을 가진 사람들의 소망 충족이라는 것이거나 자기 자신이 신체적 혹은 정신적 학대를 받음으로 성적 만족을 느끼는 마조히즘들의 소망 충족(즉 정신적인 굴욕 혹은 고통에서 쾌락을 찾아 욕구 충족시키는 경우)이라는 것이다.

프로이트는 바로 이런 이유에서 '모든 꿈은 억압된 소원의 성취이다.' 라고 말했다. 가장 인상에 남는 꿈 해석 이야기는 이것이었다.

' 어느 소녀의 꿈이다. 이 소녀의 앞에 자기 언니의 하나밖에 남지 않은 아이가 죽어 누워 있다. 주변 환경은 그 언니의 첫 아이가 죽어 누워 있던 몇 년 전과 똑같다. 그럼에도 그녀는 아무런 슬픔을 느끼지 못한다.'

이 꿈에 대해 프로이트는 매우 놀라운 해석을 내놓았다. 이 소녀의 숨겨진 억압된 욕망은 몇 년 전에 언니의 첫 아이 장례식에서 보았던 남자를 다시 보고 싶은 것이었다. 그래서 무의식중에 그녀는 다시 그 남자를 볼 수 있는 유일한 기회인 장례식을 간절히 소망하게 되었던 것이다.

그녀의 욕망은 장례식 속에 숨겨져 있었던 것이다. 그 장례식은 그녀가 오랫동안 고대해 온 만남을 예고하고 있는 것이다. 그래서 이런 무서운 꿈도 욕망의 실현임에 분명하다는 것이다.

꿈이란 소망 충족의 수단이므로, 꿈을 해석한다는 것은 인간의 내면에 숨겨져 있는 욕망을 들여다본다는 것을 의미한다.

– 우린 모두 무의식의 지배를 받고 있다.

'당신의 마음을 이루는 것으로 생각되는 의식은 당신의 마음 중에서 빙산의 일각도 아니다. 그 빙산 위에 놓인 눈뭉치 하나에 지나지 않는다. 당신의 진정한 모습은 당신의 무의식에 숨어 있다.'

[나는 내가 낯설다]의 저자이자, 심리학자인 티모시 윌슨이 자신의 저서를 통해 내놓은 일성이다. 그의 말은 100% 맞다. 우리는 모두 알게 모르게 무의식의 지배를 받고 있다. 그리고 이러한 사실을 가장 먼저 세상에 주장하고 밝혀낸 사람이 바로 프로이트이다.

인류에게 무의식의 세계를 의식할 수 있게 해 준 인물이 바로 프로이트이며, 그가 인류에게 무의식의 세계를 드러내 보여준 최고의 책이 바로 이 책 [꿈의 해석]이라고 할 수 있다. 수많은 사람들이 프로이트를 비판하고 있지만 그럼에도 불구하고 그는 여전히 심리학의 거장이며, 정신분석학의 창시자이다.

그는 인간을 움직이는 삶의 원동력을 의식이 아닌 무의

식이라고 생각했다. 의식은 빙산의 일각에 불과하다. 빙산의 대부분인 아랫부분이 바로 무의식이다. 결국 빙산을 차지하는 것은 무의식이듯, 인간의 행동을 결정짓는 것은 의식이 아니라 무의식이라는 것이다.

프로이트는 꿈을 분석하면 무의식의 세계에 들어갈 수 있다는 사실을 주장했다. 그리고 그는 자신의 주장대로 꿈을 해석하여, 인류에게 무의식의 세계가 있으며, 그것은 우리 인간의 삶의 원동력이 될 만큼 큰 세계라는 사실들을 인식할 수 있게 해 주었다.

그래서 지금 우리들은 무의식의 세계가 있다는 것을 아무도 부인하지 않고 있는 것이다.

프로이트는 무의식의 세계를 밝혀냄으로써 20세기 가장 영향력 있는 철학자라는 평가를 받게 되었다. 프로이트의 정신 분석학은 하나의 학문으로 평가받게 되었다.

프로이트의 업적 중에 하나는 인간으로 하여금 그 당시에 잘 알지 못 했던 무의식이라는 미지의 세계의 지배를 받는 것이 바로 인간이라는 사실에 대한 인식을 최초로

하게 해 주었다는 것이다.

프로이트는 무엇보다 꿈에서 익숙한 것들이 바로 무의식의 세계라는 점을 강조했다. 무의식을 중심으로 소망 충족과 마음의 염원 등이 바로 꿈으로 바뀌어 인간이 제대로 의식하지 못 하는 잠자는 동안 꿈으로 인간에게 나타난다는 것이다.

이러한 무의식 속에서의 소망 충족이나 마음의 염원이 꿈으로 나타난다는 것을 잘 보여주는 꿈이 다음과 같은 꿈이다.

‘병든 아들을 정성껏 간호했던 한 아버지가 있었다. 그러나 아들은 죽게 되었고, 시신은 영안실에 안치되었다. 어떤 노인이 시신을 지키고 있었고, 아버지는 잠시 옆방에서 휴식을 취하고 있었다. 시신이 안치된 방에 커다란 촛불을 켜 놓고 방문을 열어 놓은 채로 몸과 마음이 지쳐 버린 아버지 몇 시간 동안 잠을 잔다.

꿈에 아들이 아버지의 팔을 잡아끌며 원망하듯 말한다.

‘아빠, 내가 불에 타고 있다고요. 보이지 않으세요?’

아버지는 그제야 잠에서 깨어나 시신이 안치된 방으로 달려간다. 그곳을 지키고 있던 노인은 잠이 든 상태였고, 관과 시신의 옷과 한쪽 팔에 불이 붙어 타고 있었다. '

이 꿈에 대해 프로이트는 다음과 같이 해석을 한다.

먼저 시신이 불에 타는 것을 아버지가 꿈을 통해 알게 된 이유는 밝은 불빛이 열린 문을 통해 잠든 아버지의 눈에 비쳤으며, 아버지는 무의식중에 불이 났음을 예측하게 되었던 것이다.

뿐만 아니라 아버지는 시신을 지키는 노인을 믿지 못 했을 것이고, 그렇다면 왜 좀 더 일찍 깨어나지 못했을까? 그것은 아버지의 무의식에 해답이 있다.

아버지는 꿈속에서나마 살아 있는 아들의 모습과 응석을 마음껏 보고 싶었던 것이다. 그래서 아버지는 꿈에서 늦게 깨어난 것이다. 즉 이 꿈은 여러 가지 마음의 상태가 무의식의 상태에 있다가 어떤 자극과 계기를 통해서 의식으로, 꿈으로 나타났던 것이다.

노인을 완전하게 믿을 수 없었던 아버지의 마음, 촛불이 시신에 가까이 있다는 불안한 걱정스러운 마음, 살아있는 아들과 조금이라도 더 함께 있고 싶어 했던 마음의 상태가 무의식에 잠재해 있었던 것이다.

프로이트는 그 당시 주류가 된 견해, 즉 데카르트 이후 철학자들이 의식을 정신계의 본질로 간주해 오는 견해를 정면으로 반박했다. 즉, 정신계의 본질은 의식이 아니라 무의식이라는 것이었다.

그가 [꿈의 해석]을 집필하고 나서도 멈추지 않고 연구를 계속하여 23년 후에 집필한 [자아와 이드]라는 책을 보면 이런 이야기가 나온다.

" 정신계를 의식적인 것과 무의식적인 것으로 나누는 일은 정신분석의 기본 전제다. 정신분석은 정신계의 본질을 의식 속에서 찾지 않고 의식을 정신적인 것의 한 특성으로 간주한다. 또한 이것이 다른 특성들에 덧붙여 존재할 수도 있고 부재할 수도 있다는 입장을 취한다." < 프로이트, [자아와 이드], 239쪽 >

한 마디로 모든 것은 무의식에서 비롯된다고 그는 생각했다.

- 프로이트에게 배워야 할 3가지.

우리가 프로이트에게 배워야 할 것은 그의 천재성이 아니다. 즉 그의 위대한 업적이 아니라 그의 노력과 인내이다.

그는 주류 심리학계에서 배척당했고, 무시당했다. 그와 함께 [히스테리 연구]를 집필하고 연구했던 브로이어도 정신분석 영역에 대한 흥미를 잃고 연구를 중단했지만, 프로이트는 혼자 외로운 연구를 해 나갔다.

바로 그 덕분에 그는 '정신분석학의 아버지'로 후대가 기억하게 되었던 것이다.

필자가 그를 존경하는 이유 중에 가장 큰 것은 그의 노력과 초심을 잃지 않고 평생 연구를 해 나갔던 그의 의지이다.

평범한 사람들이 평범한 이유 중에 하나는 약간만 명성을 얻게 되면 초창기때처럼 그렇게 치열하게 꾸준히 노력하지 않기 때문이다. 프로이트는 부와 명성에 쉽게 흔들려서 나태해지는 그런 사람이 아니었다.

그런 점이 그를 위대한 사람으로 만들어주었던 것이다.

그는 평생 650여 편의 논문을 발표한 인물이다. 천재들이 그렇듯 그도 역시 엄청난 시간과 에너지를 평생에 걸쳐서 자신의 연구에 쏟아부은 인물 중 하나인 것이다.

그가 연구하고, 논문을 발표하면, 수많은 사람이 그를 격려해 주고 존경해 주기보다는 오히려 정반대였다.

심지어 그는 이런 말들도 심심찮게 들었다고 한다.

“저질 의사의 정신병적인 망상이죠.”

“별 쓸모없는 정신병적인 망상입니다.”

프로이트의 위대함은 자신의 길을 스스로 개척해 나갔다는 점일 것이다. 그는 우리에게 단 한 가지 사실을 잘 일깨워 주는 인물이다.

‘천재는 타고나는 것이 아니라 만들어지는 것이다.’

그의 가장 큰 업적은 무의식을 발견하고 인류에게 무의식의 세계를 열어 준 것이 아니라, 평생 안주하지 않고 연구와 공부를 지속해 나간 학자의 자세였던 것이다.

그는 30세에 병원을 개업하고, 5년 후인 1891년 '실어증의 이해를 위해서' 라는 논문을 발표하고 나서, 정확히 10년 후인 1900년에 오늘날의 신경학 수준에서 평가해도 거의 완벽하다고 할 증상 이론인 [꿈의 해석]을 세상에 내놓았다.

그리고 그는 여기서 멈추지 않았고, 나태하지도 않았다. 그가 성공에 도취되어 인생을 낭비하지 않았다는 사실은 그의 이후 발표된 논문과 저작들을 통해 충분히 알 수 있다.

그는 기념비적인 서적인 [꿈의 해석]을 발표하고 나서도 30년 가까이 끊임없이 개정하고 수정하며 보완을 했을 뿐만 아니라, 17년 후인 1916년과 1917년에 인간 정신에 대한 혁명적 통찰이며, 프로이트 사상의 정수인 [정신 분석 입문]을 출간했다.

그리고 또 17년 후인 1933년에는 [새로운 정신 분석 입문]을 출간했다.

그의 연구는 지칠 줄 몰랐고, 멈추지 않았던 것이다.

우리가 그에게서 배워야 할 3가지는 바로 이것이다. 첫째. 성공에 도취하여 자만하거나 나태해지지 않았다는 것, 둘째, 자신의 연구 성과를 끊임없이 수정하고 보완해 나갔다는 것, 셋째 평생 연구하고 공부하는 자세를 멈추지 않았다는 것이다.

프로이트는 심지어 정신병자 취급을 받으면서도 자신의 연구를 포기하지 않았다. 조금도 물러서지 않았던 것이다.

필자는 개인적으로 그를 현대판 스티브 잡스라고 생각한다. 스티브 잡스가 남과 다른 생각을 통해 인류에게 스마트 폰 시대를 활짝 열어 준 것처럼 그도 남과 다른 생각을 했기 때문에 인류의 지성을 한 단계 더 넓히는 무의식의 세계를 발견하고 그 세계로 인류를 인도해 줄 수 있었던 것이다.

남과 다른 생각을 한다는 것, 남과 다른 생각을 할 수 있다는 것 그리고 그 생각대로 밀고 나간다는 것은 굉장히 중요한 일이고 어렵고 힘든 일이다. 바로 이런 이유에서 프로이트는 존경받아 마땅하다.

- 무의식의 세계를 밝혀 인류의 의식을 바꾸다.

프로이트는 무의식이라는 우리 내면의 또 다른 세계를 세상 밖으로 끌어올렸다. 이로 인해 프로이트는 꿈의 해석뿐만 아니라 인간 본성에 대한 새로운 각성의 시대를 열어 주었다.

무의식이라는 세계를 의식하게 된 인류는 의식의 폭이 상상도 할 수 없을 만큼 넓어졌고, 깊어졌다. 바로 이런 이유에서 프로이트는 의학 분야뿐만 아니라 문학, 예술, 학문 등 다양한 분야에 지대한 영향을 끼치는 인물이 되었던 것이다.

프로이트는 한마디 말을 통해 세상을 바꾼 인물이 되었다. 그리고 그 한마디 말은 바로 이것이다.

" 인간은 무의식의 지배를 받는다."

프로이트가 주장한 무의식의 세계는 쉽게 빙산과 비교가 된다. 빙산의 91.7%는 수면에 가라앉아 있고, 우리의 눈에 보이는 부분은 겨우 8.3 %에 불과하다. 그런데 프로이트가 말한 무의식과 의식의 관계가 바로 빙산과 매우 닮아 있기 때문이다.

프로이트가 말하는 무의식은 지치지 않고 자신의 욕망을 이루고자 에너지를 발산하는 존재다. 마치 무한동력을 가진 거대한 발전소를 느끼게 해 준다. 그만큼 무의식은 강력하다. 그래서 우리가 의식이 아닌 무의식의 지배를 받고 있다는 것이 어쩌면 지금은 당연한 것으로 여겨지겠지만, 그 당시에는 정말 혁명과 같은 주장이었다.

꿈에 그 어떤 의미도 부여할 줄 몰랐던 인류에게 프로이트는 무의식의 세계를 꿈과 접목시키면서 꿈에 대한 시각을 바꾸어 놓았다.

꿈은 우리가 외면했던 우리를 틀어서 꿈으로 보여주는 것이다. 우리가 살면서 놓치거나 은폐했던 우리의 무의식을 꿈을 통해 만나게 해 준다. 그런 점에서 의미 없는 꿈은 존재하지 않는 다.

그래서 그는 말한다.

‘꿈은 은폐되고 왜곡된 소망이 드러나는 곳이다.

따라서 꿈의 해석을 통해 무의식의 세계를 파악할 수 있다.‘

그리고 그는 더 충격적인 사실에 대해서 증언한다.

인류가 이제까지 경험해 온 3 가지 아픈 대 사건이 있다고 한다. 그 첫 번째가 코페르니쿠스에 의하여 발견된 지동설이고, 그 다음이 다윈에 의해 발견된 진화론이다.

그리고 세 번째가 바로 자기 자신이 발견한 인간은 자아의 통일이 불가능할 뿐 아니라 ‘무의식’에 끌려 다니는 가엾은 동물이라는 사실을 밝힌 사건이다.

프로이트의 무의식의 주장은 정말로 코페르니쿠스와 다윈처럼 혁명이었고, 충격이었다.

우리는 인간이 똑똑한 줄 알았다. 하지만 프로이트는 정면으로 그러한 편견을 반박했다. 그것도 자신의 의지로 무엇 하나 제대로 할 수 없는 가엾은 동물, 무의식이라는 괴물에 끌려다니는 동물로 인간을 규정해 버린 것이다.

그것도 사정없이 말이다.

그리고 그는 여기서 더 나가서 무의식을 심리적 삶의 보편적인 토대로 받아들여야 할 것을 주장한다. 아니 요구한다. 무의식의 모든 문제는 의식적인 것을 포괄하고 있기 때문이다. 즉 의식적인 모든 것은 무의식의 단계를 거치는 반면, 무의식은 자신의 단계에 머물면서 심리적 기능의 완전한 가치를 요구할 수 있다.

한 마디로 무의식은 스스로 존재하는 인간 내면 깊숙한 곳의 거대한 심리적인 것이라는 것이다.

그렇게 거대한 것이기에 우리가 꾸는 꿈이 무의미해 보임에도 의미로 가득 차 있다고 그는 주장하는 것이다. 꿈을 해석한다는 것은 그 의미로 가득 차 있는 것들을 무의식의 세계에서 의식의 세계로 나오게 하는 삶의 언어로 번역하는 것이라고 그는 덧붙인다.

너무 많이 왜곡되어 꿈으로 만나게 되자 우리들은 그 의미를 제대로 밝혀내지 못 했던 것이다.

– 꿈을 해석하는 프로이트만의 방법.

프로이트는 모든 꿈을 소망 충족이라고 해석했다. 그런데 이 해석만으로도 프로이트는 위대한 통찰자이며 철학자라는 사실을 우리는 알 수 있다.

프로이트에게 꿈은 한 마디로 억압된 욕망의 충족을 목적으로, 잠재의식이 상징화되고, 왜곡되어 나타난 것이다.

그래서 그가 꿈을 해석하는 방법은 억압되고 왜곡된 욕망인 늑대가 꿈이라는 양의 탈을 쓰고 우리의 의식이 느슨해지는 꿈을 꾸는 시간 동안에 나타나는 것을 전체적으로 살펴보는 방법이다.

이러한 방법에는 반드시 억압되고 왜곡된 욕망이라는 정신 활동과 결부시켰던 것이다. 이것이 발전하여 정신분석적 방법으로 이어졌던 것이다.

성경에 나오는 요셉의 꿈 이야기는 이런 방법이 아니었다. 요셉의 꿈 이야기의 해석 방법은 꿈 전체를 다루는 것이 아니라 개별적인 꿈의 내용 하나하나에 상징을 부여하여 해석하는 상징적인 방법이었다.

프로이트는 꿈을 증상으로 보고 정신분석적 방법으로 해석하기 시작했다. 그리고 그는 환자를 분석하면서 자신의 정신분석학을 발전시켜 나갔고, 1,000개 이상의 꿈을 해석했다고 말했다.

프로이트는 꿈을 증상으로 보고, 복잡한 신경증적 메커니즘을 분석하기 위해 꿈을 병적 관념으로 보고 해석해 나가는 방법을 생각해 냈던 것이다. 그 방향으로 외로운 연구와 공부를 거듭한 끝에 그는 다음과 같은 결론을 이끌어 낼 수 있었던 것이다.

" 꿈은 무의미한 것도 부조리한 것도 아니기 때문에, 우리들의 수면 중에 일련의 표상은 잠들어 있는데, 다른 일부가 깨기 시작한다는 것을 전제로 해야 한다. 꿈은 완전한 심적 현상이며, 어떠한 것의 소망 충족이다. 꿈은 우리가 이해할 수 있는 각성시의 심적 행위의 관련 속에 넣을 수 있는 것이므로 매우 복잡한 정신 활동에 의해 형성된다." < 155쪽 >

이 책은 단순히 꿈을 해석하는 방법에 대한 책이 아니다. 이 책은 꿈이라는 도구를 통해 인간의 무의식의 내면세계를 활짝 열어 펼친 기념비적인 책이다.

이 책은 꿈과 히스테리, 꿈과 무의식, 꿈과 신경정신병학의 관계를 다루는 데 성공한 최초의 책으로 평가받고 있다.

"꿈이 어떻게 만들어지는지, 그 생성 과정에 대해 새롭게 인식한 관점에서 보면 모순들은 말끔히 해결된다. 꿈을 재현하려는 과정에서 왜곡이 일어나는 것은 사실이지만, 이러한 왜곡은 꿈의 사고가 검열 때문에 겪게 되는 가공의 일부에 지나지 않는다. 그럼에도 연구가들은 이 부분을 자의적인 것으로, 즉 우리를 미혹시키기에 충분한 것으로 잘못 생각하고 있다. 그들은 심리적인 결정을 과소평가한다." < 233쪽 >

심리적인 결정에서 자의적인 것은 하나도 없다는 것이 그의 주장이다. 즉 자의적으로 순전히 어떤 숫자를 머리에 떠올리려 한다고 상상해 보자. 그런데 그렇게 하는 것은 불가능하다고 그는 말한다.

머리에 떠오르는 숫자는 사고에 의해 불가피하고 분명하게 결정되는 것이다. 이와 마찬가지로 꿈도 그렇다.

무의식은 스스로 존재하는 심리적인 것이다. 그런 복잡한 심리적인 결정에 의해서 꿈이 형성되고, 그 꿈은 억압된 무의식의 소망 충족에 목적을 두고 있다.

'나의 청강생 중의 한 사람은' 거위는 어떤 꿈을 꾸는가? 옥수수 꿈을 꾼다.' 는 속담을 말해 주었다. 꿈은 소망 충족이라고 하는 모든 이론이 이 속담 속에 포함되어 있다. " < 165쪽 >

이 대목은 이미 이 속담은 꿈의 본질에 대해서 잘 알고 있다는 사실을 나타내 준다. 프로이트가 이 책을 통해 말하고자 했던 핵심이 이 속담에 다 포함되어 있는 것이다. 그리고 꿈이 바로 그런 본질을 가지고 있기 때문에 미래의 인간의 모습을 이끌어 나가고, 인도해 주는 그런 기능도 포함하고 있는 것이다.

유대인의 속담에도 이런 것이 있다. '닭은 수수꿈을 꾼다.' 그리고 헝가리의 격언에도 비슷한 말이 있다. '돼지는 떡갈나무 열매 꿈을 꾼다.'

이 모든 속담들은 프로이트가 꿈에 대해 내린 정의를 뒷받침하고 있는 말이 아니라고 할 수 없을 것 같다. 하지만 프로이트가 제시한 꿈에 대한 정의는 이런 범위를 훨씬 더 뛰어넘는 다.

꿈은 인류의 미래를 열어가는 역할까지 해 주기 때문이다. 물론 꿈이 미래에 대한 예시의 의미가 있다는 말은 아니다. 왜냐하면 꿈은 과거로부터 유래하는 것이기 때문이다.

‘꿈은 소망의 충족을 그림으로써 어떤 의미에서는 우리를 미래로 인도해 준다. 그러나 꿈을 꾸는 본인이 현재라고 생각하는 이 미래는, 소멸되지 않는 소망에 의해서 사실은 그의 과거의 모습이 재현되어 있는 것이다.’ < 672쪽 >

꿈을 해석한다는 것은 인간의 숨겨진 내면을 이해한다는 것이다. 인간의 숨겨진 내면을 이해할 수 있다면 인간이 앞으로 어떤 미래를 열어갈 것인지를 예측할 수 있을 것이다. 꿈이란 어떤 형태의 것이든 소망 충족의 수단이기 때문이다. 그 1차적 수단인 꿈이 또 다른 충족 수단으로 탈바꿈하는 것은 시간문제일 것이다.

프로이트는 여기까지였다. 즉 꿈을 분석함으로써 숨겨진 신비하기까지 한 마음이라는 기제의 구조를 들여다보았다. 하지만 그 꿈들이 또다시 현실에 어떤 영향을 주고, 그것이 인간의 삶과 미래에 어떻게 작용하게 될 것인지에 대해서는 생각하지 않았다.

 프로이트의 [꿈의 해석]은 과거와 현재에 초점을 맞춘 꿈에 대한 해석이다. 현재와 미래에 초점을 맞춘 꿈의 해석이 우리에게 필요하지 않을까?

- 프로이트 제대로 읽는 방법

‘정신분석의 목적은 거창한 것이 아니고, 다만 현실적인 불행을 자신의 내면적인 갈등의 영향을 받아서 지나치게 불행한 것으로 경험하지 않고 현실적으로 액면 그대로 받아들일 수 있게 되는 것이다.’

지그문트 프로이트의 이 말처럼 그의 정신분석도, 심지어 그도 그렇게 거창한 것은 아니다. 다만 그의 정신분석과 그의 주장은 현실 그대로 인정할 것은 인정함으로써 지나치게 불행한 것으로 오인하거나 경험하지 말라는 소박한 주장이며 외침이라는 사실이다.

그는 심지어 ‘10년 동안이나 아무도 나의 저작들에 주목하지 않았다’ 라고 [정신분석학 소론]에서 밝힌 적이 있을 정도로 철저하게 주류 심리학계로부터 철저하게 외면당했고, 무시당했다.

하지만 그럼에도 그는 결코 주류와 타협하지 않았고, 자신의 학문적 소신을 굽히지 않았다.

그를 기억해야 하고, 배워야 하는 이유는 20세기 가장 위대한 인물 중에 한 명이 지그문트 프로이트이기 때문일 것이다. 상대성 이론을 통해 과학 전반에 새로운 인식의 전환을 아인슈타인이 가져왔다면, 프로이트는 정신분석학을 통해 인간의 무의식을 밝힘으로서 인간의 정신세계에 대해 엄청난 인식의 전환을 이루었다.

그의 위대함은 여기에 있다.

조금 더 확장시켜 나가 보자.

왜 인간은 살아가면서 번뇌와 고통에서 벗어날 수 없을까? 왜 인간은 짐승과 신의 중간 존재이며 갈등 속에서 살아가야 하는 것일까? 왜 인간은 선과 악을 만들어 놓고, 그 사이에서 방황하며 살아가는 것일까?

그 이유는 인간에게 의식이 있을 뿐만 아니라 본능에 더 충실한 무의식이 있기 때문이다. 그 사실을 프로이트가 발견해 낸 것이다. 인간을 가리켜 신과 짐승 사이의 밧줄이라고 하는 이유도 바로 이것이다. 본능과 의식 사이에서 갈등하는 존재이기 때문이다.

본능은 욕망을 충족시키라고 하는 쾌락의 원리를 따르고, 의식은 욕망을 억누르고 현실에 충실 하라는 현실의 원리를 따른다. 쾌락의 원리만 따르면 인간은 바로 짐승으로 타락하게 되고, 현실의 원리만 따르면 인간은 매우 이성적인 존재가 되지만, 항상 본능을 억압해야 하기에 번뇌와 고통으로 신음해야 한다.

풀도 나무도 벌레도 새도 짐승도 한세상을 살다가 간다. 그런데 인간은 왜 이렇게 말도 많고 탈도 많은 것일까? 바로 인간에게는 의식과 무의식이 있기 때문이다. 그리고 그뿐만 아니라, 거기에 다가 그 두 개가 항상 충돌하고 있기 때문이다.

인간이 행복하다고 느끼거나 슬픔을 느끼거나 분노를 느끼는 것은 의식이 있기 때문이다. 자신이 행복한지 불행한지 세상 만물을 보고, 타인을 보고, 세상 돌아가는 것을 보고 판단하고 비교하고 분석하여 분별할 줄 알기 때문에 결론을 내리게 되고, 그 결론에 의해 우리는 항상 고뇌와 번민에 시달리는 것이다.

의식이 없다면 우리는 행복도, 불행도, 슬픔도, 아픔도, 걱정도, 근심도, 염려도, 두려움도, 분노도, 욕망도 없을 것이다. 그래서 인간의 행동 방식과 삶은 이성적 의식이 중심이라고 생각했다. 이러한 전통적인 사고방식을 프로이트는 그 이전에는 인간이 의식하지 못했던 가장 거대한 정반대의 존재, 즉 무의식의 세계를 의식할 수 있게 해 줌으로써 해체시켜 버렸던 것이다.

다시 말해, 프로이트 이전에는 사람들은 물의 표면 위에서만 인간을 이해했다. 하지만 이제는 물의 표면뿐만 아니라 물속에 들어가서 거대한 물속 세계를 탐구하고 이해하게 되었던 것이다. 그 거대한 물속 세계가 바로 무의식의 세계라고 말 할 수 있을 것이다.

'인간은 노력하는 한 방황한다.' 는 [파우스트]의 말은 인간에게는 의식뿐만 아니라 무의식 까지도 가지고 있는 존재라는 사실을 일깨워주는 말인지도 모른다.

에필로그 _ 흐르는 시간을 가볍게 보내지 마라.

"오늘 배우지 않으면서 내일이 있다고 말하지 말며, 올해 배우지 않으면서 내년이 있다고 말하지 마라. 해와 달은 가고 세월은 나를 기다려주지 않으니 아, 늙었도다. 이 누구의 허물인가? 소년은 늙기 쉽고 학문은 이루기 어려우니, 잠시의 시간도 가볍게 여기지 마라. 연못가의 봄풀은 아직 꿈에서 깨지 못했는데, 댓돌 앞의 오동나무 잎은 이미 가을 소리를 전하는구나."

『명심보감』「권학勸學」편과 『고문진보古文眞寶』에 담겨있는 주자朱子가 쓴 '권학문'이다.

많은 사람이 내일이 있다고 자만한다. 그래서 오늘 읽어야 할 책을 읽지 않고, 오늘 배워야 할 공부를 하지 않고, 오늘 해야 할 것들을 내일로 미룬다.

삶의 활력을 찾아주기 위한 취미생활이나 심심풀이로 하는 일들은 오늘 하지 않아도 그만이다. 하지만 오늘 읽어야 할 책을 내일로 미루는 것은 인생에 있어서 가장 큰 낭비라고 생각한다.

오늘 읽어야 할 책을 내일로 미룬다는 것은 영원히 미룬다는 것이 되기 때문이다. 또한 오늘 읽으면 내일이 되기 전에 좀 더 세상을 넓게 보고, 깊게 이해할 수 있는 무시무시한 통찰력과 사고력이 생겨서, 인생을 훨씬 더 크고 넓게 살아갈 수 있다.

하지만 오늘 읽지 않고 내일로 미루게 되면, 하루만큼 손해이다. 그런데 이것이 쌓이게 되면 나중에는 도저히 감당할 수 없을 만큼 큰 격차가 생길 수밖에 없다.

독자들이 아니라 나 자신에게 항상 다짐하고 있는 것이 이것이다.

하루하루 흐르는 시간을 절대 가볍게 보내지 않는다는 것이다.

오늘 읽어야 할 책은 반드시 오늘 읽고, 오늘 써야 할 책은 반드시 오늘 쓴다. 이것이 필자의 원칙이기도 하다.

바로 이러한 원칙 덕분에 필자는 1년 전과 6개월 전이 엄청나게 다른 사람이 되었고, 심지어 한 달 전과 지금이 엄청나게 다른 사람이 될 수 있었다.

너무 많은 사람이 돈은 무겁게 여기면서, 그래서 돈을 가볍게 낭비하지 않으면서도 돈보다 더 중요한 시간은 너무 가볍게 보내는 듯하다.

누군가를 만나서 이야기를 나누는 것은 매우 인간적이고 좋은 것이다. 하지만 쓸데없이 잡담만 늘어놓으면서 서로의 시간만 잡아먹는 경우는 시간을 너무 가볍게 쓸모없이 보내는 것에 불과하다.

오히려 혼자 조용히 사색하고, 산책하는 것이 시간을 더 잘 보내는 것이며, 가볍게 보내지 않는 것이라고 필자는 생각한다.

사색과 산책은 매우 중요한 것이기 때문이다. 독서도 결국 사색과 산책의 연장선에 있다고 생각할 정도다.

순식간에 흐르는 시간을 너무 가볍게 보내면, 나중에 반드시 후회하게 된다. 오늘 읽어야 할 책을 오늘 읽고,

시간을 잘 보내는 사람은 절대 망하지 않는 다.

시간이 없어서 책을 읽지 못한다고 변명 같지 않은 변명을 하는 사람들을 보면 어이가 없다.

하루에 30분은 아무리 바빠도 신문을 보거나, 뉴스를 시청하고, 밥을 먹기 때문이다. 밥을 먹는 것보다, 신문이나 뉴스를 보는 것보다 인생 명저를 가까이하는 것이 훨씬 더 중요하다. 거짓말이 아니다.

많은 사람이 매일 신문이나 뉴스를 보거나 시청하는 데 30분을 투자하지만, 인생이 절대 달라지지 않았다. 하지만 누군가가 매일 30분을 투자하여 인생 명저를 탐독하게 된다면, 그 사람의 인생은 반드시 달라질 것이다. 필자가 장담할 수 있는 것 중 하나가 바로 이것이다.

필자를 믿고 인생 명저를 매일 30분씩 탐독해 보자. 인생이 달라질 것이다.

판권

종이책 : 값 11,000 원

초판 인쇄: 2025년 11월 30일
초판 발행: 2025년 11월 30일

지은이: 김병완
발행인: 플랫폼연구소

출판등록: 제 2020-000075호

전화: 010-3920-6036 / 02-556-6036
이메일: pflab2020@naver.com

주소:서울시 강남구 삼성동 116 백우빌딩 402호

ISBN 979-11-91396-90-4(03190)